I0061663

COURS D'ÉTUDE
POUR L'INSTRUCTION
DU PRINCE DE PARME.

COURS D'ÉTUDE

POUR L'INSTRUCTION

DU PRINCE DE PARME,

AUJOURD'HUI

S. A. R. L'INFANT

D. FERDINAND,

DUC DE PARME, PLAISANCE, GUASTALLE,

&c. &c. &c.

Par M. l'Abbé de CONDILLAC, de l'Académie françoise & de celles de Berlin, de Parme & de Lyon; ancien Précepteur de S. A. R.

TOME TROISIEME.

ART DE RAISONNER.

❧

À PARME,

DE L'IMPRIMERIE ROYALE.

M. DCC. LXXV.

BIBLIOTHEQUE ROYALE

TABLE

DES MATIERES.

Art de Raisonner.

LIVRE PREMIER.

Où l'on traite en général des différents moyens de s'assurer de la vérité.

CHAPITRE I.

De l'évidence de raison.

CHAPITRE II.

Considérations sur la méthode exposée dans le chapitre précédent.

suite de propositions. L'identité est sensible en arithmétique.

CHAPITRE III.

Application de la méthode précédente à de nouveaux exemples.

Pag. 36.

Ou nous connoissons l'essence véritable d'une chose, Ou nous n'en connoissons qu'une essence secondaire, ou nous n'en connoissons aucune essence. Il faut s'assurer des connoissances qu'on a à cet égard. Quand on ne connoît aucune essence, il ne reste qu'à faire l'énumération des qualités. Nous ne connoissons l'essence véritable ni du corps ni de l'ame. Nous en connoissons l'essence seconde. L'essence seconde du corps ne peut être identique avec l'essence seconde de l'ame. De l'essence seconde de l'ame, il s'ensuit que la réflexion n'est qu'une maniere de sentir. Il s'ensuit encore que l'ame est une substance simple. Avantage de la méthode qu'on a suivie dans les raisonnements précédents.

CHAPITRE IV.

De l'évidence de fentiment.

Il eſt difficile de remarquer tout ce qu'on fent. Il eſt difficile de s'aſſurer de l'évidence de fentiment. Parce que nous ſuppoſons ce qui n'y eſt pas Parce que nous nous déguiſons ce qui eſt en nous. Il y a cependant des moyens pour s'aſſurer de l'évidence de fentiment.

CHAPITRE V.

D'un préjugé qui ne permet pas de s'aſſurer de l'évidence de fentiment.

Pour s'aſſurer de l'évidence de fentiment, il faut apprendre à ne pas confondre l'habitude avec la nature. L'ame acquiert ſes facultés comme ſes idées. Il faut juger des qualités, que nous croyons avoir toujours eues, par celles que nous ſavons avoir acquiſes. Comment

nous pouvons juger de ce que nous avons ac-
quis dès les premiers moments de notre vie.

CHAPITRE VI.

Exemples propres à faire voir comment on
peut s'affurer de l'évidence de fentiment.

LIVRE SECOND.

Où l'on fait voir par des exemples comment l'évidence de fait & l'évidence de raison concourent à la découverte de la vérité.

CHAPITRE I.

Du mouvement & de la force qui le produit.

Pag. 77.

Le mouvement est le premier phénomene. Le lieu d'un corps est une partie de l'espace. Nous ne connoissons que le lieu rélatif. Nous ne connoissons que le mouvement rélatif. La force qui est la cause du mouvement, ne nous est pas connue. La vîtesse est comme l'espace parcouru dans un temps donné. Mais nous ne connoissons ni la nature de l'espace. Ni celle du temps. Ni celle de la matiere. Il ne faut donc considérer ces choses que par les rapports qu'elles ont entre elles & avec nous.

CHAPITRE II.

Observations sur le mouvement.

Pag. 84.

Un corps en repos perfévere dans fon état de repos. Un corps mu perfévere à fe mou-voir uniformément & en ligne droite. Nous ne connoiffons pas la caufe de ces phénome-nes. Nous ne favons pas comment agit ce qu'on nomme force motrice.

CHAPITRE III.

Des chofes qui font à confidérer dans un cops en mouvement.

Pag. 90.

Comment nous jugeons de la quantité de force. Comment nous jugeons de la vî-teffe. Rapport qui eft entre les efpaces par-courus par deux corps.

CHAPITRE IV.

De la pesanteur.

Pag. 94.

Attraction , cause inconnue de la pesan-teur. Ce qu'on entend par poids. Les poids font comme les masses. Les corps devroient donc tomber avec la même vîtesse. Mais la résistance de l'air met de la différence dans la vîtesse de leur chûte Comment agit l'attraction qu'on observe dans toutes les parties de la matiere.

CHAPITRE V.

De l'accélération du mouvement dans la chûte des corps.

Pag. 99.

Espace parcouru dans la premiere seconde. Fig. 8. Supposition à ce sujet. Autre supposition. Fig. 8. Comment la pesanteur agit. Derniere supposition. Dans quelle proportion croît la force imprimée par la pesanteur.

CHAPITRE VI.

De la balance.

Pag. 107.

plan incliné. *Fig.* 11. *Différence entre le centre de gravité & le centre de grandeur.*

CHAPITRE VII.

Du levier.

Pag. 114.

Les machines font pour les bras ce que les méthodes font pour l'esprit. Fig. 11. *Le levier quant au fond, est la même machine que la balance. Les principes font les mêmes pour l'un & pour l'autre. Fig.* 12. *Confidération fur les leviers recourbés. Fig.* 14. *Il y a trois fortes de leviers. Fig.* 15. *Fig.* 16. *Fig.* 17.

CHAPITRE VIII.

De la roue.

Pag. 115.

La roue est formée d'une multitude de leviers, qui tournent autour d'un point d'appui. Fig. 18. *La diftance du poids est à la diftance de la puiffance, comme le demi-dia-*

metre de l'aiſſieu eſt au rayon de la roue. Mais le poids s'éloigne du point d'appui à meſure qu'il s'éleve.

CHAPITRE IX.

De la poulie.

Pag. 121.

Le diametre d'une poulie eſt une balance. Planche II. Fig. 19. Par le moyen d'une ſuite de poulies une petite puiſſance ſoutient un grand poids. Fig. 20.

CHAPITRE X.

Du plan incliné.

Pag. 123.

Un poids ſur un plan incliné eſt ſoutenu en partie par le plan. Fig. 22. Un poids eſt ſoutenu, ſur un plan incliné, par la moindre puiſſance poſſible, lorſque la ligne de traction eſt paralléle au plan. Fig. 23. La puiſſance doit être au poids, comme la hauteur du plan

à

d la longueur. Fig. 23. Fig. 23. Vitesse avec la
quelle un corps descend d'un plan incline. Fig.
24. Son mouvement s'accélére dans la proportion 1, 3, 5, 7. Comment on connoît l'espace qu'il doit parcourir sur un plan incliné
dans le même temps qu'il tomberoit de toute la
hauteur. Qu'un corps tombe perpendiculairement ou le long d'un plan incliné, il acquiert
la même force toutes les fois, qu'il tombe de
la même hauteur.

CHAPITRE XI.

Du pendule.

Pag. 130.

Un corps qui tombe le long des cordes
d'un cercle, les parcourt dans le même temps,
qu'il parcourroit tout le diametre. Fig. 25.
Planche III. Un pendule fait ses vibrations
dans le même temps qu'il parcourroit quatre
diametres du cercle dont il est le rayon. Fig. 25.
Conditions nécessaires aux vibrations isochrones. Proportion entre la longueur du pendule
& la durée des vibrations. Fig. 26. Pour déterminer la longueur d'un pendule, il faut connoître le centre d'oscillation. Fig. 27. Fig. 28.
Fig. 29. Objet du livre suivant.

Tom. III. b

LIVRE TROISIEME.

Comment l'évidence de fait & l'vidence de raison démontrent le fyftême de Newton.

CHAPITRE I.

Du mouvement de projection.

CHAPITRE II.

Du changement qui arrive au mouvement,
lorfqu'une nouvelle force eft ajoutée à
une premiere.

Pag. 149.

*Les forces agiffent avec des directions qui
confpirent ou qui fe contrarient. Fig. 33. Effet des forces lorfqu'elles agiffent dans la même direction. Effet des forces dont les directions font contraires. La vîteffe augmente lorfque deux forces agiffent à angle droit. Fig. 33.
Elle augmente encore lorfque les forces agiffent à angle aigu. Si la feconde force fait
avec la premiere un angle obtus, la vîteffe
fera la même, ou fera plus petite. Les propofitions de ce chapitre font identiques avec
celles du chapitre précédent. La loi que fuit
la pefanteur, & celle que fuit un corps mu
par deux forces qui font un angle, feront
identiques avec plufieurs phénomenes que nous
expliquerons.*

CHAPITRE III.

Comment les forces centrales agiffent.

CHAPITRE IV.

Des ellipses que les planetes décrivent.

Pag. 166.

Les ellipses s'expliquent par une suite de propositions identiques avec ce qui a déja été prouvé. Fig. 38. Partie de l'ellipse, décrite par un mouvement accéléré. Partie de l'ellipse où le mouvement est retardé. L'augmentation & la diminution des angles n'est pas la seule cause qui accelere & qui retarde le mouvement.

CHAPITRE V.

Des aires proportionelles aux temps.

Pag. 169.

Fig. 38. Ce qu'on entend par le rayon vecteur, & par les arts qu'il décrit. Les aires son proportionelles aux temps. Cette vérité est sensible, lorsqu'une planete se meut dans une orbite circulaire. Preuve de cette vérité, lorsqu'une planete se meut dans une ellipse.

b 3

CHAPITRE VI.

Du centre commun de gravité entre plu-sieurs corps, tels que les planetes & le soleil.

Pag. 172.

On retrouve la balance dans la révolution de deux corps autour d'un centre commun de gravité. *Fig. 42.* Dans la révolution, par exemple, de la lune & de la terre autour de

leur centre commun. Et dans la révolution
de ces deux planetes autour du soleil. Différentes fituations de la lune & de la terre pendant leur révolution autour du soleil. Fig. 43.
Comment on détermine à peu près le centre
commun de gravité entre les planetes & le
soleil.

CHAPITRE VII.

De la gravitation mutuelle des planetes entre elles ; & des planetes avec le soleil.

Pag. 188.

Irrégularités que l'attraction du soleil produit dans le mouvement de la lune. Fig. 43.
Pourquoi les irrégularités qu'elle caufe dans les
fatellites de jupiter & de faturne, ne font pas
fenfibles. Irrégularités produites dans le cours
des planetes par leur gravitation mutuelle.

b

CHAPITRE VIII.

Comment on détermine l'orbite d'une planete.

Pag. 191.

On fait d'abord une premiere hypothese. Que l'observation détruit. Fig. 44. Et on fait des hypotheses jusqu'à ce qu'elles soient confirmées par les observations. Planche V.

CHAPITRE IX.

Du rapport des distances aux temps périodiques.

Pag. 193.

Il y a nécessairement un rapport entre les distances, & les temps périodiques. Kepler l'a découvert en observant les satellites de jupiter. Les planetes confirment cette observation. Newton la démontre par sa théorie. Avec la loi que suit l'attraction & les deux analogies de Kepler, il explique le système du monde.

CHAPITRE X.

De la pefanteur des corps fur différentes planetes.

Pag. 197.

*On eſt parvenu à déterminer le poids des
mêmes corps fur différentes planetes. Le poids
d'un corps eſt plus grand à la furface d'une
planete qu'à toute autre diſtance. Fig. 45. La
maſſe & le diametre d'une planete étant connus, on peut juger du poids des corps à ſa
furface. Sur la furface de jupiter un corps
a le double du poids, qu'il auroit fur notre
globe.*

CHAPITRE XI.

Conclufion des chapitres précédents.

Pag. 201.

*L'univers n'eſt qu'une balance. Toutes les
vérites poſſibles fe réduifent à une feule.*

LIVRE QUATRIEME.

Des moyens par lesquels nous tâchons de suppléer à l'évidence.

CHAPITRE I.

Réflexion sur l'attraction.

CHAPITRE II.

De la force des conjectures.

CHAPITRE III.

De l'analogie.

LIVRE CINQUIEME.

CHAPITRE I.

Premieres tentatives fur la figure de la terre.

Pag. 259.

*C*omme le terre paroît immobile, elle paroît une furface plate. Comment on a jugé que fa furface eft convexe dans la direction du levant au couchant. Comment audeffus de cette furface on traça une portion des tropiques, & une portion de l'équateur, & une portion du méridien. Il falloit tracer des routes dans les cieux, avant d'en tracer fur la terre. Comment on jugea que la furface de la terre eft convexe dans la direction des méridiens. Idée qu'on fe fait de l'hémifphere. Comment on imagina un autre hémifphere. L'opinion des antipodes n'étoit encore qu'une conjecture. Comment on jugea que la terre eft ronde. D'où on conclut que toutes les parties pofent également vers le même centre, & on comprit comment l'autre hémifphere peut être habité. On en fut convaincu. Alors on imagina la terre perfaitement fphérique. Preuve qu'on crut en donner. On ne raifonnoit pas conféquemment.

CHAPITRE II.

Comment on eſt parvenu à meſurer les cieux, & puis la terre.

CHAPITRE III.

Comment on a déterminé les différentes ſai-ſons.

CHAPITRE IV.

Comment on explique l'inégalité des jours,

Pag. 261.

Le jour confidéré par oppofition à la nuit. Sphere droite qui donne les jours égaux aux nuits. Sphere parallele qui donne fix mois de jour & fix mois de nuit. Sphere oblique qui donne les jours inégaux. Les équinoxes. Les folftices. Les colures. Les jours pris pour des révolutions de 24 heures, n'ont pas exactement la même durée.

CHAPITRE V.

Idée générale des cercles de la fphere, & de leur ufage.

Pag. 266.

Cercles dont nous avons déja parlé. Axe de l'écliptique. Ses poles décrivent des cercles polaires. Les zones. Les climats. Les cercles de longitude & les cercles de latitude. Le mouvement des cieux par rapport aux révolu-

---

CHAPITRE VI.

Comment on mesure les degrés d'un méridien.

degré du méridien. Comment on mesure la distance des astres qui ont une parallaxe. Fig. 51.

CHAPITRE VII.

Par quelle suite d'obfervations & de raifonnemens on s'eft affuré du mouvement de la terre.

Pag. 185.

Chaque planete paroît à fes habitants le centre de tous les mouvements céleftes. Les différentes phafes de la lune prouvent qu'elle fe meut au tour de la terre. Les différentes phafes de vénus prouvent qu'elle tourne autour du foleil, dans une orbite plus petite que celle de la terre. L'obfervation prouve, que l'orbite de mars renferme celle de la terre. Elle prouve la même chofe de celle de jupiter & de celle de faturne. Raifons qui prouvent que mercure fait fa révolution autour du foleil. Les planetes fupérieures & les planetes inférieures font leurs révolutions dans des temps inégaux. Quels feroient pour nous les phénomenes, fi nous nous placions au centre de ces révolutions. Phénomenes que nous verrions de vénus. Fig. 55. Fig. 56. Pl. VI. Ces phé-
Tom. III. c

nomenes, prouvent que la terre se meut au-
tour du soleil.

CHAPITRE VIII.

Des recherches qu'on a faites sur la figure
de la terre.

Pag. 194.

Le mouvement de rotation donne aux par-
ties de la terre une force centrifuge plus ou
moins grande. La pesanteur est donc moins
grande sous l'équateur, & la terre est ap-
plati aux poles. Expérience qui le confir-
me. Figure qu'on donne en conséquence à la
terre. Résultat de la théorie d'Huyghens à
ce sujet. Résultat de la théorie de Newton.
La théorie d'Huyghens est défectueuse. Cel-
le de Newton l'est aussi. La théorie ne sau-
roit prouver que la terre a une figure réguliere.
Faux raisonnements qu'on fait pour défendre
la théorie. Cette théorie porte sur des sup-
positions qu'on ne prouve pas. Mesures qui
sembleroient prouver que les degrés ne sont pas
semblables à même latitude. Quand les mé-
ridiens seroient semblables il n'est pas prou-
vé, qu'ils soient des ellipses. On a mesuré

*plusieurs degrés du méridien, pour détermi-
ner l'applatissement de la terre. Mais on a
toujours supposé à la terre une figure réguliere. Degrés mesurés en France ; au Pérou,
& en Laponie ; au Cap de bonne espérance ;
en Italie. Les doutes subsistent.*

CHAPITRE IX.

Principaux phénomenes expliqués par le mouvement de la terre.

Pag. 308.

*Pourquoi nous voyons le ciel comme une
voûte surbaissée. Pourquoi cette voûte paroît
tourner en 24 heures. Pourquoi le soleil paroît se mouvoir dans l'écliptique. Fig. 57.
Pourquoi il paroît aller d'un tropique à l'autre. Ce qui nous donne des saisons différentes & des jours plus ou moins longs. Les
orbites des planetes coupent le plan de l'é-
cliptique. Les planetes dans leurs nœuds &
hors de leurs nœuds. Les planetes inférieures paroissent toujours accompagner le soleil.
Fig. 58. Pourquoi on distingue deux mois
lunaires. Différentes positions de la lune.
Eclipses. Fig. 59. Fig. 60. Les éclipses*

COURS D'ÉTUDE

POUR L'INSTRUCTION

DU PRINCE DE PARME.

DE L'ART DE RAISONNER.

JE vous ai développé les facultés de l'ame, je vous ai fait confidérer d'une vue géné-rale les différentes circonftances par où l'hom-me a paffé. Vous avez vu l'origine des gou-vernements, des loix, des arts & des fciences; vous avez vu les préjugés, les erreurs & les premiers progrès de l'efprit ; vous avez tour-à-tour été étonné des bornes & de l'étendue de notre raifon. Cela, Monfeigneur, doit vous apprendre à vous méfier de vous-même. Vous êtes homme, & vous pouvez vous tromper, tout prince que vous êtes ; ou plutôt parce que vous êtes prince, vous devez vous tromper plus qu'un autre. La flatterie qui vous a af-fiégé dès le berceau, & qui n'attend que le moment de vous affiéger encore, n'eft pas in-téreffée à vous deffiller les yeux. Je vous dois la juftice que vous n'aimez pas à être flatté. Je m'en fouviendrai toujours, & fouvenez vous-en fur-tout vous même ; vous avez rougi plus d'une fois des louanges que vous faviez ne pas mériter. Voulez vous donc écarter les flatteurs ? Il n'eft qu'un moyen : foyez plus éclairé qu'eux. Il feroit humiliant pour vous d'être le jouet de quelques courtifans.

Jufqu'ici j'ai effayé de vous faire raifonner; il s'agit aujourd'hui de vous montrer tout l'art du raifonnement. Voyons donc quels font en général les objets de nos connoiffances, & quel eft le degré de certitude dont ils font fufceptibles.

L'hiftoire de la nature fe divife en fcience de vé-rités fenfibles, & en fciences de véritésabf-traites.

Il n'y a proprement qu'une fcience, c'eft l'hiftoire de la nature : fcience trop vafte pour nous, & dont nous ne pouvons faifir que quel-ques branches.

Ou nous obfervons des faits, ou nous com-

binons des idées abſtraites. Ainſi l'hiſtoire de
la nature ſe diviſe en ſcience de vérités ſenſibles, la phyſique ; & en ſcience de vérités
abſtraites, la métaphyſique.

Quand je diſtingue l'hiſtoire de la nature
en ſcience de vérités ſenſibles, & en ſcience
de vérités abſtraites, c'eſt que je n'ai égard
qu'aux principaux objets, dont nous pouvons
nous occuper. Quel que ſoit le ſujet de nos
études, les raiſonnements abſtraits ſont néceſſaires, pour ſaiſir les rapports des idées ſenſibles ; & les idées ſenſibles ſont néceſſaires,
pour ſe faire des idées abſtraites, & pour les
déterminer. Ainſi l'on voit que dès la premiere diviſion, les ſciences rentrent les unes
dans les autres. Auſſi ſe prêtent-elles des ſe-
cours mutuels, & c'eſt en vain que les philoſophes tentent de mettre des barrieres entre
elles. Il eſt très raiſonnable à des eſprits bor-
nés comme nous, de les conſidérer chacune
à part ; mais il ſeroit ridicule de conclure qu'il
eſt de leur nature d'être ſéparées. Il faut toujours ſe ſouvenir qu'il n'y a proprement qu'une
ſcience, & ſi nous connoiſſons des vérités qui
nous paroiſſent détachées les unes des autres,
c'eſt que nous ignorons le lien qui les réunit
dans un tout.

La métaphyſique eſt de toutes les ſciences La métaphy.

A 2

fique embraf-
fe tous les ob-
jets de notre
connoiffance.
celle qui embraffe le mieux tous les objets de notre connoiffance : elle eft tout-à-la fois fcience de vérités fenfibles, & fcience de vérités abftraites. Science de vérités fenfibles, parce qu'elle eft la fcience de ce qu'il y a de fenfible en nous, comme la phyfique eft la fcience de ce qu'il y a de fenfible au-dehors: fcience de vérités abftraites, parce que c'eft elle qui crée les principes généraux, qui forme les fyftêmes, & qui donne toutes les méthodes de raifonnement. Les mathématiques mêmes n'en font qu'une branche. Elle préfide donc fur toutes nos connoiffances, & cette prérogative lui eft due : car s'il eft néceffaire de traiter les fciences relativement à notre maniere de concevoir, c'eft à la métaphyfique, qui feule connoît l'efprit humain, à nous conduire dans l'étude de chacune. Tout eft à certains égards de fon reffort. Elle eft la fcience la plus abftraite : elle nous éleve au delà de ce que nous voyons & fentons, elle nous éleve jufqu'à Dieu ; & elle forme cette fcience, que nous appellons *théologie naturelle.*

Deux méta-
phyfiques: l'u-
ne de fenti-
ment, l'autre
de réflexion.
La métaphyfique, lorfqu'elle a pour feul objet l'efprit humain, peut fe diftinguer en deux efpeces ; l'une de réflexion, l'autre de fentiment. La premiere démêle toutes nos facultés ; elle en voit le principe & la génération, & elle dicte en conféquence des regles

pour les conduire : on ne l'acquiert qu'à force
d'étude. La feconde fent nos facultés ; elle
obéit à leur action, elle fuit des principes
qu'elle ne connoît pas , on l'a fans paroître l'a-
voir acquife , parce que d'heureufes circonftances l'ont rendue naturelle. Elle eft le partage des
efprits juftes, elle en eft, pour ainfi dire, l'inf-
tinct. La métaphyfique de réflexion n'eft donc
qu'une théorie qui développe dans le principe , & dans les effets tout ce que pratique la
métaphyfique de fentiment. Celle-ci , par
exemple , fait les langues, celle-là en explique
le fyftème : l'une forme les orateurs & les poë-
tes ; l'autre donne la théorie de l'éloquence ,
& de la poéfie.

Je diftingue trois fortes d'évidence : l'évi- Trois fortes
d'évidence. dence de fait, l'évidence de fentiment, l'évidence de raifon.

Nous avons l'évidence de fait, toutes les fois
que nous nous affurons des faits par notre propre obfervation. Lorfque nous ne les avons.
pas obfervés nous-mêmes, nous en jugeons fur le
témoignage des autres & ce témoignage fupplée
plus ou moins à l'évidence.

Quoique vous n'ayez pas été à Rome ,
vous ne pouvez pas douter de l'exiftence de
cette ville : mais vous pouvez avoir des dou-

A 5

tes fur le temps & fur les circonftances de fa
fondation. Parmi les faits, dont nous jugeons
d'après le témoignage des autres, il y en a donc
qui font comme évidents, ou dont nous fommes affurés, comme fi nous les avions obfervés nous-mêmes : il y en a auffi, qui font
fort douteux. Alors la tradition, qui les tranf-
met eft plus ou moins certaine fuivant la nature des faits, le caractere des témoins, l'uniformité de leurs rapports & l'accord des circonftances.

Vous êtes capable de fenfations : voilà une
chofe dont vous êtes fûr par l'évidence de fentiment. Mais à quoi peut-on s'affurer d'avoir
l'évidence de raifon ? à l'identité. *Deux & deux
font quatre*, eft une vérité évidente d'évidence de
raifon, parce que cette propofition eft pour
le fond la même que celle-ci, *deux & deux font
deux & deux*. Elles ne différent l'une de l'autre
que par l'expreffion.

Je fuis capable de fenfations : vous n'en doutez pas, & cependant vous n'avez à cet égard
aucune des trois évidences. Vous n'avez pas
l'évidence de fait, car vous ne pouvez pas obferver vous-même mes propres fenfations. Par
la même raifon, vous n'avez pas l'évidence de
fentiment, puifque je fens moi feul les fenfations que j'éprouve. Enfin vous n'avez pas l'é-

vidence de raifon : car cette propofition, *j'ai*
des fenfations, n'eft identique avec aucune des
propofitions qui vous font évidemment connues.

Le témoignage des autres fupplée à l'évidence de fentiment & à l'évidence de raifon,
comme à l'évidence de fait. Je vous dis que
j'ai des fenfations, & vous n'en doutez pas :
les géométres vous difent que les trois angles
d'un triangle font égaux à deux droits, & vous
le croyez également.

Au défaut des trois évidences & du témoignage des autres, nous jugeons encore par analogie. Vous obfervez que j'ai des organes
femblables aux vôtres ; & que j'agis comme
vous, en conféquence de l'action dès objets
fur mes fens. Vous en concluez qu'ayant vous-
même des fenfations, j'en ai également. Or,
remarquer des rapports de reffemblance entre
des phénomenes qu'on obferve, & s'affurer
par-là d'un phénomene qu'on ne peut pas obferver, c'eft ce qu'on appelle juger par analogie.

Voilà tous les moyens que nous avons pour
acquérir des connoiffances. Car ou nous voyons
un fait, ou on' nous le rapporte, ou nous nous
affurons par fentiment de ce qui fe paffe en

A 4

nous, ou nous découvrons une vérité par l'é-
vidence de raison, ou enfin nous jugeons d'une
chofe par analogie avec une autre.

Pour vous faire connoître, Monfeigneur, ces
différentes manieres de juger & de raifonner,
il me fuffira de vous exercer fur différents
exemples. Je vais donc en apporter plufieurs,
& je ne m'affujettirai d'ailleurs à aucun plan.
Il importe peu que je vous faffe un traité de
l'art de raifonner : mais il importe que vous
raifonniez. Cet art vous fera connu, quand
vous aurez été fuffifamment exercé.

Cependant il ne me fera pas poffible de
vous exercer encore fur les jugements qu'on
porte d'après le témoignage des autres. Vous
n'avez pas encore affez fait de lectures pour
pouvoir me fuivre dans une pareille entreprife :
nous ne pourrons faire cette étude, que lorfque
vous aurez étudié l'hiftoire.

LIVRE PREMIER.

Où l'on traite en général des différents moyens de s'assurer de la vérité.

CHAPITRE PREMIER.

De l'évidence de raison.

Pour bien raisonner, il faut savoir exactement ce que c'est que l'évidence, & pouvoir la reconnoître à un signe qui exclue absolument toute sorte de doute.

L'identité est le signe de l'évidence de raison.

Une proposition est évidente par elle-même; ou elle l'est, parce qu'elle est une conséquence évidente d'une autre proposition, qui est par elle-même évidente.

Une propofition eft évidente par elle-même, lorfque celui qui connoît la valeur des termes, ne peut pas douter de ce qu'elle affirme : telle eft celle-ci, *un tout eft égal à fes parties prifes enfemb'e*.

Or, pourquoi celui qui connoît exactement les idées qu'on attache aux différents mots de cette propofition, ne peut-il pas douter de fon évidence ? C'eft qu'il voit qu'elle eft identique, ou qu'elle ne fignifie autre chofe, finon qu'un tout eft égal à lui-même.

Si l'on dit, *un tout eft plus grand qu'une de fes parties*, c'eft encore une propofition identique : car c'eft dire qu'un tout eft plus grand que ce qui eft moins grand que lui.

L'identité eft donc le figne auquel on reconnoît qu'une propofition eft évidente par elle-même ; & on reconnoît l'identité, lorfqu'une propofition peut fe traduire, en des termes qui reviennent à ceux-ci, *le même eft le même*.

Par conféquent, une propofition évidente par elle-même, eft celle dont l'identité eft immédiatement apperçue dans les termes qui l'énoncent.

De deux propofitions, l'une eft la conféquence évidente de l'autre, lorfqu'on voit, par
la comparaifon des termes qu'elles affirment la
même chofe , c'eft-à-dire , lorfqu'elles font
identiques. Une démonftration eft donc une fuite de propofitions, où les mêmes idées paffant
de l'une à l'autre, ne différent que parce qu'elles
font énoncées différemment; & l'évidence d'un
raifonnement confifte uniquement dans l'identité.

Suppofons qu'on ait cette propofition à démontrer. *La mefure de tout triangle eft le pro-*
duit de fa hauteur par la moitié de fa bafe.

Exemple qui
le prouve.

Il eft certain qu'on ne voit pas dans les termes l'identité des idées. Cette propofition
n'eft donc pas évidente par elle-même, il faut
donc la démontrer, il faut faire voir qu'elle
eft la conféquence évidente d'une propofition
évidente, ou qu'elle eft identique avec une
propofition identique : il faut faire voir que
l'idée que je dois me former de la mefure de
tout triangle, eft la même chofe que l'idée
que je dois avoir du produit de la hauteur de
tout triangle par la moitié de fa bafe.

Pour cela, il n'y a qu'un moyen, c'eft d'a-
bord d'expliquer exactement l'idée que j'attache

à ces mots *mesurer une surface*, & ensuite de comparer cette idée avec celle que j'ai du produit de la hauteur d'un triangle par la moitié de sa base.

Or, mesurer une surface, ou appliquer successivement sur toutes ses parties une autre surface d'une grandeur déterminée, un pied quarré, par exemple, c'est la même chose. Ici l'identité est sensible à la seule inspection des termes. Cette proposition est du nombre de celles qui n'ont pas besoin de démonstration.

Mais je ne puis pas appliquer immédiatement sur une surface triangulaire un certain nombre de surfaces quarrées d'une même grandeur ; & c'est ici qu'une démonstration devient nécessaire, c'est-à-dire, qu'il faut que par une suite de propositions identiques je parvienne à découvrir l'identité de cette proposition : *la mesure de tout triangle est le produit de sa hauteur par la moitié de sa base*. Peut être cela vous paroîtra-t-il d'abord bien difficile : rien cependant n'est si simple.

Je vous ferai d'abord remarquer que connoître la mesure d'une grandeur, ou connoître le rapport qu'elle a avec une grandeur dont la

mefure eft connue, c'eft la même chofe : il
n'y a point de différence, par exemple, entre
favoir qu'une furface a un pied quarré, ou favoir qu'elle eft la moitié d'une furface qu'on
fait avoir deux pieds quarrés.

Après cela, vous comprendrez facilement
que fi nous trouvons une furface fur laquelle
nous puiffions appliquer fucceffivement un certain nombre de furfaces quarrées d'une même
grandeur, nous connoîtrons la mefure d'un
triangle, auffitôt que nous découvrirons le
rapport de fa grandeur à la grandeur de la furface que nous aurons méfurée.

Prenons pour cet effet un rectangle,
c'eft-à-dire, une furface terminée par quatre lignes perpendiculaires. Vous voyez que
vous pouvez le confidérer compofé de plufieurs petites furfaces de même grandeur,
toutes également terminées par des lignes
perpendiculaires, & vous voyez encore que
toutes ces petites furfaces prifes enfemble,
font la même chofe que la furface entiere du
rectangle.

Fig. 1.
Planche I.

Or, il n'y a point de différence entre divifer un rectangle en furfaces quarrées de même
grandeur, ou appliquer fucceffivement fur tou-

tes ses parties une surface d'une grandeur déterminée.

Je considére donc un rectangle ainsi divisé,
& je vois que le nombre des pieds quarrés
qu'il a en hauteur, se répéte autant de fois
qu'il y a de pieds dans la longueur de sa base.
Si sur le premier pied de sa base il a exactement trois pieds quarrés de haut, il a aussi
exactement trois pieds quarrés sur le second,
sur le troisieme, & sur tous les autres. Cette
vérité est sensible à l'œil : mais il est aisé de
la prouver par des propositions identiques.

En effet, un rectangle est une surface dont
les quatre côtés sont perpendiculaires les uns
aux autres.

Dans une surface dont les côtés sont perpendiculaires, les côtés opposés sont paralleles, c'est-à-dire, également distants dans tous
les points opposés de leur longueur.

Une surface, dont les deux côtés opposés
sont également distants dans tous les points
opposés de leur longueur, a la même hauteur
dans toute la longueur de sa base.

Une surface qui a la même hauteur dans

toute la longueur de fa bafe a autant de fois
le même nombre de pieds en hauteur que fa
bafe a de pieds en longueur.

Toutes ces propofitions font identiques. Elles ne font que différentes manieres de dire ,
un rectangle eft un rectangle.

Par conféquent, mefurer un rectangle , appliquer fucceffivement fur les parties de fa
furface une grandeur déterminée, divifer fa furface en quarrés égaux, prendre le nombre de
pieds qu'il a en hauteur autant de fois qu'il a
de pieds dans la longueur de fa bafe ; ce n'eft
jamais que faire la même chofe de plufieurs
manieres différentes.

Cela étant , il n'eft plus néceffaire ni de divifer la furface en petits quarrés, ni d'appliquer fucceffivement fur les différentes parties
une furface d'une grandeur déterminée : en
prenant le nombre de pieds en hauteur autant
de fois qu'il y a de pieds dans la bafe , on
aura la mefure exacte.

On peut donc fubftituer cette propofition ,
*mefurer un rectangle , c'eft prendre le nombre
de pieds en hauteur autant de fois qu'il a de
pieds dans fa bafe,* à celle-ci par où nous avons

commencé, *mesurer un rectangle, c'est appli-*
quer successivement sur ses différentes parties
une surface d'une grandeur déterminée.

A la vérité, nous n'avons pas connu, à
l'inspection des termes, que ces deux propofitions n'en font qu'une feule : mais l'identité
n'a pas pu nous échapper, lorfque nous l'avons
cherchée dans la fuite des propofitions intermédiaires. Nous avons vu la même idée paffer des unes aux autres, & ne changer que par
la maniere dont elle eft exprimée.

Démontrer, c'eft donc traduire une propofition évidente, lui faire prendre différentes
formes jufqu'à ce qu'elle devienne la propofition qu'on veut prouver. C'eft changer les
termes d'une définition, & arriver par une
fuite de propofitions identiques à une conclufion identique avec la propofition d'où on la
tire immédiatement. Il faut que l'identité qui
ne s'apperçoit point quand on paffe par deffus
les propofitions intermédiaires, foit fenfible
à la feule infpection des termes, lorfqu'on va
immédiatement d'une propofition à l'autre.

La propofition que nous venons de démontrer, *mefurer un rectangle c'eft prendre le nom-*
bre de pieds qu'il a en hauteur, autant de fois
qu'il

qu'il a de pieds dans *la longueur de sa base*,
est la même chose que multiplier sa hauteur
par sa base, & celle-ci est encore la même
chose que prendre le produit de sa hauteur par
sa base.

Or, cette proposition, *la mesure d'un rectangle est le produit de sa hauteur par sa base*,
est un principe d'où il faut aller, par une
suite de propositions toujours identiques, jusqu'à cette conclusion : *La mesure de tout triangle est le produit de sa hauteur par la moitié
de sa base*.

Mais j'ai déja remarqué que la mesure du
rectangle nous étant connue, nous découvrirons la mesure du triangle, lorsque nous sau-
rons le rapport de l'une de ces figures à l'autre:
car il n'y a pas de différence entre connoître
une grandeur, ou savoir son rapport à une
grandeur connue.

Un rectangle, divisé par sa diagonale, offre
deux triangles, dont les surfaces prises ensemble, sont égales à la sienne. Or, dire que ces
deux surfaces sont égales à celles du rectangle, c'est la même chose que de dire, que les
deux triangles ont été formés dans le rectangle par la diagonale qui le divise en deux.

Fig. 1.

Tom. III.   **B**

Vous remarquerez de plus que ces deux triangles font égaux en furface : vous voyez même à l'œil la vérité de cette propofition ; mais il faut vous en démontrer l'identité.

L'étendue d'une furface eft marquée par les lignes qui la déterminent, & par les angles que font ces lignes. Par conféquent dans *deux furfaces font égales* & dans *deux furfaces font terminées par des lignes égales , faifant les mêmes angles*, il n'y a qu'une feule propofition exprimée de deux manieres.

Donc *les furfaces de deux triangles font éga-les* ou *les côtés de ces triangles font égaux , & font les mêmes angles*, font encore deux propofitions identiques. Les deux triangles que renferme un rectangle, divifé par fa diagonale, ont donc deux furfaces égales, fi leurs côtés font égaux, & s'ils font les mêmes angles.

Or, dire que deux triangles font ainfi renfermés dans un rectangle, c'eft la même chofe, que fi l'on difoit, qu'ils ont un côté commun dans la diagonale du rectangle, & qu'ils ont encore même bafe & même hauteur, faifant le même angle ; & dire qu'ils ont un côté commun dans la diagonale du rectangle, & qu'ils ont encore même bafe , & même hauteur,

faifant le même angle, c'eft dire, qu'ils ont
les trois côtés égaux, & une furface égale,
ou plus briévement, qu'ils font égaux en
tout.

Mais dire qu'ils font égaux en tout, c'eft
dire, que chacun des deux eft avec le rectangle
dans le rapport d'une moitié à fon tout : propofition qui n'eft que la traduction de celle-ci, *le rectangle eft divifé en deux triangles égaux.*

Or, dire qu'un triangle eft avec un rectangle, qui a même bafe & même hauteur, dans
le rapport d'une moitié à fon tout ; ou dire,
que la mefure de ce triangle eft la moitié
de la mefure de ce rectangle, ce font par
les termes mêmes deux propofitions identiques.

Mais nous avons vu que la mefure du rectangle eft le produit de la hauteur par la bafe.
Cette propofition, *la mefure de ce triangle eft
la moitié de la mefure de ce rectangle,* fera
donc identique avec celle-ci *la mefure de ce
triangle eft la moitié du produit de la hauteur par fa bafe,* ou, comme on s'exprime
ordinairement, *eft le produit de la hauteur par
la moitié de la bafe.*

B

Il ne s'agit plus que de favoir, fi la mefure de toute autre efpece de triangle eft également le produit de la hauteur par la moitié de la bafe.

Quelle que foit la forme d'un triangle, dont on veut connoître la grandeur, on peut du fommet abaifler une perpendiculaire; & cette perpendiculaire tombera dans l'intérieur fur la bafe, ou au-dehors.

Fig. 5. Si elle tombe dans l'intérieur, elle le divife en deux triangles, qui ont deux de leurs côtés perpendiculaires l'un à l'autre, & qui font, par conféquent, de même efpece que celui que nous avons mefuré. La mefure de chacun d'eux eft donc le produit de la hauteur par la moitié de la bafe.

Or, connoître la mefure de ces deux triangles, ou connoître celle du triangle que nous avons divifé en abaiffant la perpendiculaire, c'eft la même chofe. Cette furface eft la même, qu'elle foit renfermée dans un feul triangle, ou qu'elle foit partagée en deux. C'eft donc encore la même chofe de dire du grand triangle ou des deux petits, que la mefure eft le produit de la hauteur par la moitié de la bafe.

Fig. 4.

Si la perpendiculaire tombe hors du triangle, nous n'avons qu'à continuer la bafe jufqu'au point où ces deux lignes fe rencontreront, & nous formerons un triangle de la même efpece que celui que nous avons d'abord mefuré.

Par cette opération vous avez deux triangles renfermés dans un, & vous voyez que la furface eft la même, foit que vous la confidériez dans le grand, foit que vous la confidériez dans les deux qui le partagent.

Ce fera donc la même chofe de mefurer cette furface, en prenant le produit de la hauteur du grand triangle par la moitié de fa bafe, qu'en prenant féparément le produit de la hauteur des deux petits par la moitié de leur bafe. Ces deux opérations reviennent au même, & il n'y a d'autre différence, finon que dans l'une on fait en deux fois ce que dans l'autre on fait en une.

L'identité eft donc fenfible dans les deux propofitions fuivantes : *le grand triangle que nous avons formé en continuant la bafe jufqu'à la perpendiculaire, a pour mefure le produit de fa hauteur par la moitié de fa bafe : chacun des triangles renfermés dans le grand, a pour mefure le produit de fa hauteur par la moitié de fa bafe.*

B 3

Mais quelque forme qu'ait un triangle ,
vous pouvez toujours tirer du sommet une
perpendiculaire qui tombera dans l'intérieur
sur la base, ou qui tombant au-dehors, coupera encore la base que vous aurez continuée.
Vous pouvez donc toujours vous assurer par
une suite de propositions identiques, que sa
mesure est le produit de la moitié de sa hauteur par sa base. La démonstration est donc
applicable à tous les triangles, & cette vérité
ne souffre aucune exception : *la mesure de*
tout triangle est le produit de sa hauteur par la
moitié de sa base.

Autre exem-
ple qui prou-
ve que l'iden-
tité est le signe
de l'évidence
de raison.

Ce n'est pas seulement pour vous donner
un exemple , que j'ai choisi cette proposition;
cette vérité, Monseigneur, me servira de principe pour vous conduire à d'autres connoissances. Par la même raison , je vais vous démontrer
que *les trois angles d'un triangle sont égaux à*
deux droits : car c'est encore une vérité que nous
aurons besoin de connoître.

La ligne droite est celle qui va directement
d'un point à un autre. C'est celle dont la direction ne change point , ou qui conserve dans
toute sa longueur la direction dans laquelle
elle commence : c'est la plus courte entre deux
points : c'est celle qui tournant sur ses deux ex-

trémités , tourne dans toute fa longueur fur
elle-même , fans qu'aucune de fes parties fe
déplace. Vous voyez que toutes ces expreffions ne font que différentes manieres d'expliquer une même idée , & qu'elles fuppofent l'i-
dée qu'elles paroiffent définir.

Quand il s'agit d'une idée compofée de plufieurs autres, elle fe définit facilement, parce
qu'il fuffit d'exprimer les idées dont elle fe
forme. En difant, par exemple , qu'un triangle eft une furface terminée par trois lignes ,
on le définit ; & cette définition a un caractere bien différent des prétendues définitions
qu'on donne de la ligne droite. En effet, la
définition du triangle en donneroit l'idée à
quelqu'un qui n'auroit jamais remarqué aucun
triangle : au contraire , les définitions de la
ligne droite n'en donneroient pas l'idée à quelqu'un qui n'auroit jamais remarqué aucune
ligne droite.

C'eft que les idées , lorfqu'elles font fimples, ne s'acquiérent pas par des définitions ,
& qu'elles viennent uniquement des fens.
Tracez une ligne avec un compas, ce fera une
ligne courbe : tracez-en une avec une regle ,
ce fera une ligne droite. Il eft vrai que rien ne
vous affure que cette ligne foit droite en effet,

puifque rien ne vous affure que la regle le
foit elle même : mais enfin une ligne droite
eft ce que vous paroît une ligne tracée avec
une regle, & quoique cette apparence puiffe
être fauffe, elle n'en eft pas moins l'idée d'une
ligne droite. En confidérant la ligne droite
& la ligne courbe, vous pouvez remarquer
que la premiere eft une proprement, & que
la feconde eft formée de plufieurs lignes
qui fe couperoient, fi elles étoient continuées.
Mais quand vous diriez *la ligne droite eft
une, la ligne courbe eft multiple*, vous ne
les définiriez ni l'une ni l'autre. Vous
voyez qu'il y a des chofes qu'on ne doit pas
fonger à définir.

Une ligne eft perpendiculaire à une autre, lorfqu'elle ne penche d'aucun côté, ou
qu'elle n'eft point inclinée ; lorfqu'elle fait
de part & d'autre deux angles égaux, deux
angles droits, deux angles qui ont chacun
90 degrés, ou qui font chacun mefuré par
le quart d'une circonférence de cercle. Ce
ne font encore là que des expreffions fynonymes & identiques pour celui qui connoît la
valeur des mots.

Une ligne eft oblique, lorfque fa direction eft inclinée fur la direction d'une autre

ligne ; lorfqu'étant continuée jufqu'au point
où elle rencontreroit cette autre ligne, elle
feroit avec elle deux angles inégaux, deux
angles dont l'un auroit plus de 90 degrés,
& l'autre moins.

Deux lignes droites font paralleles, lorfque, dans toute leur longueur, les points de
l'une font également diftants des points correfpondants de l'autre, ou lorfque des lignes
droites, tirées des points de l'une aux points
correfpondants de l'autre, font toutes de même longueur.

Vous remarquerez premierement que la pofition d'une ligne droite n'eft que le rapport de
fa direction à la direction d'une autre ; & que,
par conféquent, fa direction étant donnée, fa
pofition eft déterminée.

En fecond lieu, qu'une ligne ne peut avoir
par rapport à une autre que trois pofitions : ou
elle eft perpendiculaire, ou elle eft oblique,
ou elle eft parallele.

Qu'enfin la pofition d'une ligne par rapport
à une autre eft réciproque entre les deux : fi
l'une eft parallele à l'autre, l'autre lui eft parallele ; fi l'une eft perpendiculaire à l'autre,

l'autre lui eſt perpendiculaire ; ſi l'une eſt oblique à l'autre , l'autre lui eſt oblique , & chacune fait avec l'autre deux angles dont l'inégalité eſt la même.

Toutes ces propoſitions ſont identiques à
l'inſpection des termes , & par conſéquent,
elles ne ſont pas du nombre de celles qu'on
doit chercher à démontrer. Il nous reſte à aller
par une ſuite de propoſitions identiques à cette
concluſion, *les trois angles d'un triangle ſont*
égaux à deux droits.

Fig. 5.
Suppoſer que E G, eſt perpendiculaire ſur
A B, c'eſt ſuppoſer qu'elle fait ſur A B, deux
angles égaux , ou deux angles droits.

Suppoſer cette ligne droite eſt prolongée au-deſſous de A B , c'eſt ſuppoſer
qu'elle eſt prolongée dans la direction E G.
Par conſéquent ſi nous ſuppoſons que G F
eſt ce prolongement, ce ſera ſuppoſer que
G F , ainſi que E G , fait ſur A B deux
angles égaux ; car ſi les deux angles étoient
inégaux , l'un ſeroit plus grand qu'un angle droit & l'autre plus petit. G F, ſeroit
donc inclinée ; elle ne ſeroit donc pas le
prolongement de E G , ce qui eſt contre la
ſuppoſition.

EF, eſt donc dans ſa partie inférieure, comme dans ſa partie ſupérieure, perpendiculaire
ſur A B, & c'eſt la même choſe que dire, que
A B eſt perpendiculaire ſur EF : car ſuppoſer
que A B eſt inclinée ſur EF, ce ſeroit ſuppoſer que EF eſt inclinée ſur A B : la poſition
d'une ligne par rapport à une autre étant réciproque entre les deux.

Mais la ligne EF, étant prolongée juſqu'au
point H, ſuit la direction donnée par les deux
points E, G, & elle eſt droite dans toute ſa
longueur.

Cela poſé, dire que C D eſt parallele à
A B, c'eſt dire, qu'elle fait ſur E H des
angles ſemblables à ceux que fait A B ſur
la même ligne ; & dire qu'elle fait des
angles ſemblables, c'eſt dire, qu'elle la
coupe à angles droits. En effet, ſi on ſup-
poſoit le contraire, on la ſuppoſeroit inclinée
ſur E H ; & lui ſuppoſant une inclinaiſon
que n'a pas A B, on ſuppoſeroit qu'elle n'en
eſt pas la parallele.

Or, dire que C D coupe E H à angles
droits, c'eſt dire, que E H coupe C D à
angles droits. Il eſt donc démontré qu'une
ligne droite perpendiculaire à une autre li-

gné droite, est perpendiculaire à toutes les lignes paralleles, sur lesquelles elle sera prolongée, ou qu'elle sera sur toutes des angles droits.

Donc si cette ligne est inclinée sur une parallele, elle sera également inclinée sur toutes : car supposer qu'elle ne l'est pas également, ce seroit supposer qu'elle n'est pas droite, ou que les lignes qu'elle coupe, ne sont pas paralleles.

Fig. 6. FG est donc également inclinée sur A B & sur CD. Or, dire qu'elle est également inclinée sur l'une & sur l'autre, c'est dire, qu'elle fait du côté qu'elle penche, des angles égaux sur chaque parallele ; que l'angle *q*, extérieur aux deux paralleles, est égal à l'angle intérieur *u*, & que l'angle intérieur *s*, est égal à l'angle extérieur *y*.

Il est de même évident que de l'autre côté de la ligne FG, l'angle extérieur est égal à l'angle intérieur, *p* à *t*, *x* à *r*. Pour rendre la chose sensible, il n'y auroit qu'à renverser la figure.

D'ailleurs, si dans la premiere figure la ligne qui coupe perpendiculairement les deux

paralleles , fait fur chacune deux angles
droits ; dans la feconde , la ligne , qui les
coupe obliquement , fait fur chacune deux
angles , qui , pris enfemble , font égaux à
deux droits. Car l'obliquité de la ligne
FG, qui fait *q*, par exemple, inégal à *p*,
ne peut altérer la valeur que ces deux angles
ont enfemble. En effet , pour appercevoir
l'identité de la valeur des deux angles de
la feconde figure à la valeur des deux angles
de la premiere , il fuffit de confidérer que
dans l'une & dans l'autre , les deux angles
ont également pour mefure une demi-cir-
conférence de cercle.

p eft donc égal à deux droits, moins *q* : de
même *t* eft égal à deux droits moins *u*. Or, *u*
eft égal à *q*. Donc il s'en faut de la même
quantité que *p* ne foit égal à *t* : donc ils font
égaux.

FG, dans la partie fupérieure de la ligne
AB, eft inclinée fur le côté B; & dans la
partie inférieure , elle eft inclinée fur le côté
A. Or , fuppofer que ces deux lignes font droites, c'eft fuppofer que l'inclinaifon eft la même
au-deffous, comme au-deffus de la ligne AB:
car fi elle n'étoit pas la même , l'une des deux
lignes ne feroit pas droite.

Mais dire que l'inclinaison est au-dessous, vers le côté A, la même qu'au-dessus vers le côté B; c'est dire que FG fait avec le côté A un angle égal à celui qu'elle fait avec le côté B, & que *r* est égal à *q*. On prouvera de la même maniere que *p* est égal à *s*, *t* à *y*, *u* à *x*. Ces angles sont opposés au sommet : donc les angles, opposés au sommet, sont égaux.

En effet, il est évident que *r* est égal à deux droits moins *p*, & que *q* est égal à deux droits moins *p*. Ils sont donc chacun égaux à deux droits moins la même quantité. Ils sont donc égaux l'un à l'autre.

Or, dire que *r* est égal à *q*, qui lui est opposé au sommet, c'est dire qu'il est égal à tout angle, auquel *q* est égal lui-même. Mais nous avons vu que *q* est égal à *u*. Donc *r* est égal à *u*. Par la même raison, *s* est égal à *t*, *p* à *y*, *q* à *x*. C'est ce qu'on exprime en disant que les angles alternes sont égaux.

fig. 7. Soit à présent FG parallele à *d e*. Vous voyez deux angles alternes dans *a* & *d*, & deux autres dans *c* & *e*. *a* est donc égal à *d*, & *c* à *e*. Or, les angles *a*, *b*, *c*, sont égaux à deux droits. Donc *d*, *b*, *c*, sont égaux à deux

droits. Donc les trois angles du triangle sont
égaux à deux droits.

Les deux exemples que j'ai apportés dans ce
chapitre, sont plus que suffisants pour faire concevoir que l'évidence de raison consiste uniquement dans l'identité. Je les ai d'ailleurs choi-
sis, comme je vous ai averti, parce que ce sont
deux vérités qui nous conduiront à d'autres.

CHAPITRE II.

*Confidérations fur la méthode expofée
dans le chapitre précédent.*

Comment
l'identité s'ap-
perçoit dans
une fuite de
propofitions.VOUS voyez fenfiblement que dans la démonftration de la grandeur du triangle, toute
la force confifte uniquement dans l'identité.
Vous remarquerez que nous avons commencé
par la définition du mot *mefurer*, que cette
définition fe trouve dans toutes les propofitions
fuivantes, & que ne changeant que pour la
forme du difcours, elle eft feulement de l'une
à l'autre énoncée en d'autres termes.

C'eft l'impuiffance où vous êtes de comparer immédiatement la définition du mot
mefurer avec celle du triangle, qui vous a
fait une néceffité de faire prendre dans le
langage différentes transformations à une même idée.

Mais pour paffer ainfi à une fuite de propofitions,

poſitions, & pour découvrir l'identité d'une premiere définition avec la concluſion d'un raiſonnement, il faut connoître parfaitement toutes les choſes que vous avez à comparer. Vous ne démontrerez pas la meſure du triangle, ſi vous n'avez pas des idées exactes & complettes de ce que c'eſt que *meſurer, rectangle, triangle, ſurface, côté, diagonale*. Faites vous donc des idées complettes de chaque figure, & il n'y en aura point que vous ne puiſſiez meſurer exactement. La méthode que nous avons ſuivie eſt applicable à tous les cas où nous ne manquons pas d'idées; & vous pouvez entrevoir que toutes les vérités mathématiques ne ſont que différentes expreſſions de cette premiere définition. *Meſurer, c'eſt appliquer ſucceſſivement ſur toutes les parties d'une grandeur, une grandeur déterminée*. Ainſi les mathématiques ſont une ſcience immenſe, renfermée dans l'idée d'un ſeul mot.

On ne peut pas toujours, comme dans l'exemple que je viens de vous donner, faire prendre à une premiere définition toutes les transformations néceſſaires : mais on a des méthodes pour y ſuppléer; & ce qu'on ne peut pas ſur l'idée totale, on le fait ſucceſſivement ſur toutes ſes parties.

Tom. III. C

L'identité eſt
ſenſible   en
arithmétique.

Un grand nombre, par exemple, ne peut être exprimé que d'une ſeule maniere, & l'arithmétique ne fournit pas de moyen pour en varier l'expreſſion. Mais ſi en conſidérant deux grands nombres immédiatement, je ne puis pas découvrir en quoi ils ſont identiques; je puis découvrir l'identité qui eſt entre leurs parties, & par ce moyen, j'en connoîtrai tous les rapports. C'eſt-là deſſus que ſont fondées les quatre opérations de l'arithmétique, qu'on peut même réduire à deux, l'addition & la ſouſtraction. Quand je dis donc *ſix & deux font huit*, c'eſt la même choſe que ſi je diſois *ſix & deux font ſix & deux*; & quand je dis *ſix moins deux font quatre*, c'eſt encore la même choſe que ſi je diſois que *ſix moins deux font ſix moins deux*, &c.

C'eſt donc dans l'identité que conſiſte l'évidence arithmétique, & ſi à ſix & deux je donne la dénomination de huit, & à ſix moins deux la dénomination de quatre; je ne change les expreſſions, qu'afin de faciliter les comparaiſons, & de rendre l'identité ſenſible.

Les démonſtrations ne ſe font donc jamais que par une ſuite de propoſitions identiques, ſoit que nous opérions ſur des idées totales, ſoit que nous opérions ſucceſſivement ſur cha-

que partie. Quand vous étudierez le calcul al-
gébrique , vous verrez que l'avantage de cette
méthode confiste à faciliter les moyens de comparer un grand nombre avec un grand nombre,
& à faire connoître en quoi ils font identiques , fans exiger qu'on les confidére parties
par parties.

En voilà affez , pour vous faire voir que
l'évidence de raifon porte uniquement fur
l'identité des idées.

CHAPITRE III.

Application de la méthode précédente à de nouveaux exemples.

J'ai déja eu occafion, Monfeigneur, de vous faire remarquer qu'on peut diftinguer deux fortes d'effences. Mais pour vous développer l'art de raifonner, il faut confidérer trois cas différents.

Ou nous connoiffons l'effence véritable d'une chofe,

1°. Ou nous connoiffons la propriété premiere d'une chofe, celle qui eft le principe de toutes les autres; & alors cette propriété eft l'effence proprement dite : je la nommerai *véritable* ou *premiere.*

Ou nous n'en connoiffons qu'une effence fecondaire,

2°. Ou ne connoiffant que des propriétés fecondaires, nous en remarquons une qu'on peut dire être le principe de toutes les autres. Cette propriété peut être regardée comme effence par rapport aux qualités qu'elle explique : mais c'est une essence improprement dite ; je la nomme *seconde*.

3°. Enfin, il y a des cas où parmi les pro- Où nous n'en connoîssons aucune essence. priétés secondaires, nous n'en voyons point qui puisse expliquer toutes les autres. Alors nous ne connoissons ni l'essence véritable ni l'essence seconde, & il nous est impossible de faire des définitions. Pour donner la connoissance d'une chose, il ne nous reste plus qu'à faire l'énumération de ses qualités : telle est, par exemple, l'idée que nous nous formons de l'or.

Vous avez vu que lorsque nous connoissons Il faut s'assurer des connoissances qu'on a à cet égard. l'essence véritable, nous pouvons démontrer tous les rapports avec précision : Mais vous jugez que lorsque nous ne connoîtrons que l'essence seconde, il y aura des rapports que nous ne pourrons pas démontrer, & qu'il y en aura même, que nous ne pourrons pas découvrir.

Voulez-vous donc juger de la force, & de l'exactitude d'une démonstration ? assurez-vous de l'espece d'essence renfermée dans les définitions sur lesquelles vous raisonnez.

Or, pour peu que vous vous rendiez compte de vos idées, il ne vous sera pas

C 3

difficile de vous affurer, fi vous connoiffez l'effence véritable ou l'effence feconde ; ou fi vous ne connoiffez ancune effence.

Quand on ne connoît aucune effence, il ne refte qu'à faire l'énumération des qualités.

L'or eft jaune, ductile, malléable. Or, pourquoi un métal a-t-il des qualités qu'un autre n'a pas ? Vous ne fauriez remonter à une qualité premiere, qui vous en rende raifon. Vous ne fauriez donc démontrer avec précifion le rapport d'un métal à un métal. Par conféquent, il ne vous refte qu'à faire l'énumération de leurs qualités, & à comparer celles de l'un avec celles de l'autre.

Nous ne connoiffons l'effence véritable ni du corps ni de l'ame.

Si je vous demande encore pourquoi le corps eft étendu, & pourquoi l'ame fent ? plus vous y réfléchitez & plus vous verrez que vous n'avez rien à répondre. Vous ignorez donc l'effence véritable de ces deux fubftances.

Nous en connoiffons l'effence feconde

Cependant vous confidérez que toutes les qualités que vous voyez dans le corps, fuppofent l'étendue, & que toutes celles que vous appercevez dans l'ame, fuppofent la faculté de fentir. Vous pouvez donc regarder l'étendue comme l'effence feconde du corps, & la faculté de fentir comme l'effence feconde de l'ame.

Raisonnez actuellement sur ces deux sub-
stances, vous ne pouvez comparer que l'essence
seconde de l'une avec l'essence seconde de
l'autre ; car vous ne sauriez comparer une essence véritable que vous ne connoissez pas,
avec une essence véritable que vous ne connoissez pas davantage. Comparons donc l'essence seconde du corps avec l'essence seconde
de l'ame ; & commençons par cette définition,
le corps est une substance étendue.

Je puis varier l'expression de cette définition : je puis me représenter le corps comme
divisé en petites parties, en atomes. Ce sera
une matiere subtile, un air très délié, un feu
très actif. Mais quelque forme que je fasse
prendre à cette définition, il me sera impossible d'arriver à une proposition identique avec
substance qui sent. Nous pouvons donc nous
assurer qu'en partant de l'idée de substance étendue, nous n'avons point de moyen pour prouver que cette substance est la même que celle
qui pense. Il nous reste à commencer par l'i-
dée de substance qui sent ; & pour lors nous
aurons épuisé tous les moyens de faire sur
cette matiere les découvertes qui sont à notre
portée.

Dire que l'ame est une substance qui sent, De l'essence
C 4

feconde de l'ame, il s'enfuit que la réflexion n'est qu'un maniere de fentir.

c'eſt dire qu'elle eſt une ſubſtance qui a des ſenſations.

Dire qu'elle a des ſenſations, c'eſt dire qu'elle a une ſeule ſenſation, ou deux à la fois, ou davantage.

Dire qu'elle a une ſenſation ou deux, &c. c'eſt dire, ou que ces ſenſations font ſur elle une impreſſion à peu-près égale, ou qu'une ou deux font ſur elle une impreſſion plus particuliere.

Dire qu'une ou deux ſenſations font ſur elle une impreſſion plus particuliere, c'eſt dire qu'elle les remarque plus particuliérement, qu'elle les diſtingue de toutes les autres.

Dire qu'elle remarque plus particuliérement une ou deux ſenſations, c'eſt dire qu'elle y donne ſon attention.

Dire qu'elle donne ſon attention à deux ſenſations, c'eſt dire qu'elle les compare.

Dire qu'elle les compare, c'eſt dire qu'elle apperçoit entre elles quelque rapport de différence ou de reſſemblance.

Dire qu'elle apperçoit quelque rapport de différence ou de reſſemblance, c'eſt dire qu'elle juge.

Dire qu'elle juge, c'eſt dire qu'elle porte un ſeul jugement, ou qu'elle en porte ſucceſſivement pluſieurs.

Dire qu'elle porte ſucceſſivement pluſieurs jugements, c'eſt dire qu'elle réfléchit.

Réfléchir n'eſt donc qu'une certaine maniere de ſentir : c'eſt la ſenſation transformée. Vous voyez que cette démonſtration a le même caractere, que celle d'où nous avons conclu, *la meſure du triangle eſt le produit de ſa hauteur par la moitié de ſa baſe.* L'identité fait l'évidence de l'une & de l'autre.

Il vous ſera facile d'appliquer cette méthode à toutes les opérations de l'entendement, & de la volonté. Mais remarquez, Monſeigneur, que plus vous avancerez, plus vous ſerez éloigné d'appercevoir quelque identité entre ces deux propoſitions : *l'ame eſt une ſubſtance qui ſent, le corps eſt une ſubſtance étendue.* Je dis plus : c'eſt que vous prouverez que l'ame ne ſauroit être étendue. En voici la démonſtration.

Il s'enſuit encore que l'ame eſt une ſubſtance ſimple.

Dire qu'une ſubſtance compare deux ſenſations, c'eſt dire qu'elle a en même temps deux ſenſations.

Dire qu'elle a en même temps deux fenfations, c'eft dire que deux fenfations fe réuniffent en elle.

Dire que deux fenfations fe réuniffent dans
une fubftance, c'eft dire qu'elles fe réuniffent ou
dans une fubftance qui eft une proprement, &
qui n'eft pas compofée de parties ; ou dans une
fubftance qui eft une improprement, & qui
dans le vrai eft compofée de parties qui font
chacune tout autant de fubftances.

Dire que deux fenfations fe réuniffent dans
une fubftance qui eft une proprement , qui
n'eft pas compofée de parties, c'eft dire qu'elles
fe réuniffent dans une fubftance fimple , dans
une fubftance inétendue. En ce cas l'identité eft
démontrée entre la fubftance qui compare , & la
fubftance inétendue : il eft démontré que l'ame
eft une fubftance fimple. Voyons le fecond
cas.

Dire que deux fenfations fe réuniffent dans
une fubftance compofée de parties , qui font
chacune tout autant de fubftances , c'eft dire
qu'elles fe réuniffent toutes deux dans une
même partie, ou qu'elles ne fe réuniffent dans
cette fubftance, que parce que l'une appartient à
une partie, à la partie A , par exemple , &
l'autre à une autre partie, à la partie B. Nous

avons encore ici deux cas différents. Commençons par le premier.

Dire que deux fenfations fe réuniffent dans une même partie, c'eft dire qu'elles fe réuniffent dans une partie qui eft une proprement, ou dans une partie compofée de plufieurs autres.

Dire qu'elles fe réuniffent dans une partie qui eft proprement une, c'eft dire qu'elles fe réuniffent dans une fubftance fimple ; & il eft démontré que l'ame eft inétendue.

Dire qu'elles fe réuniffent dans une partie compofée de plufieurs autres, c'eft encore dire ou qu'elles fe réuniffent dans une partie qui eft fimple, ou que l'une eft dans une partie de ces parties, & l'autre dans une autre partie.

Dire qu'une de ces fenfations eft dans une partie de ces parties, & que l'autre eft dans une autre partie, c'eft dire que l'une eft dans la partie A, & l'autre dans la partie B: & ce cas eft le même que celui qui nous reftoit à confidérer.

Dire que de ces deux fenfations l'une eft dans la partie A, & l'autre dans la partie B, c'eft dire que l'une eft dans une fubftance, & l'autre dans une autre fubftance.

Dire que l'une eſt dans une ſubſtance, & l'autre dans une autre ſubſtance, c'eſt dire qu'elles ne ſe réuniſſent pas dans une même ſubſtance.

Dire qu'elles ne ſe réuniſſent pas dans une même ſubſtance, c'eſt dire qu'une même ſubſtance ne les a pas en même temps.

Dire qu'une même ſubſtance ne les a pas en même temps, c'eſt dire qu'elles ne les peut pas comparer.

Il eſt donc démontré que l'ame étant une ſubſtance qui compare, n'eſt pas une ſubſtance compoſée de parties, une ſubſtance étendue. Elle eſt donc ſimple.

Avantage de la méthode qu'on a ſuivie dans les raiſonnemens précédens. La méthode que nous venons de ſuivre vous fait voir juſqu'à quel point il nous eſt permis de pénétrer dans la connoiſſance des choſes. l'eſſence ſeconde ſuffit pour prouver que deux ſubſtances diffèrent; mais elle ne ſuffit pas pour meſurer avec préciſion la différence qui eſt entre elles.

Il eſt donc bien aiſé de ne pas ſuppoſer l'évidence de raiſon, où elle n'eſt pas : il n'y a qu'à eſſayer de traduire en proportions identiques les démonſtrations qu'on croit avoir faites.

Voilà la pierre de touche, voilà l'unique moyen de vous former dans l'art de raisonner.

Par-là, vous comprendrez comment les idées nous manquent, comment, faute d'idées, l'identité des propofitions nous échappe, & comment nous devons nous conduire, pour ne pas mettre dans nos conclufions plus qu'il ne nous eft permis de connoître. Si vous confidérez l'ignorance où vous êtes de la nature des chofes, vous ferez très circonfpect dans vos affertions ; vous connoîtrez qu'avec tous les efforts dont vous êtes capable, vous ne fauriez répandre la lumiere fur des objets qu'un principe fupérieur, qui peut feul les éclairer, ne vous a pas permis de connoître. Mais fi Dieu nous a condamnés à l'ignorance, il ne nous a pas condamnés à l'erreur : ne jugeons que de ce que nous voyons, & nous ne nous tromperons pas.

CHAPITRE IV.

De l'évidence de sentiment.

IL se passe bien des choses en vous que vous ne remarquez pas ; & si vous voulez vous le rappeller, il a même été un temps, où il y en avoit fort peu qui ne vous échappassent. Heureusement, Monseigneur, ce temps n'est pas bien ancien pour vous, & vous n'avez pas besoin d'un grand effort de mémoire. Les découvertes que vous avez faites en vous-même, sont donc toutes récentes, & vous vous êtes trouvé plus d'une fois dans le cas du bourgeois gentilhomme, qui parloit prose sans le savoir. C'est un avantage dont vous ne sentez pas encore tout le prix ; mais j'espere qu'il vous garantira de bien des préjugés.

Cependant vous sentiez toutes ces choses, qui se passent en vous : car enfin elles ne sont que des manieres d'être de votre ame, & les

Il est diffiile de remarquer tout ce qu'on sent.

manieres d'être de cette substance ne sont à son égard, que ses manieres d'exister, ses manieres de sentir. Cela vous prouve qu'il faut de l'adresse pour démêler par sentiment tout ce qui est en vous. La métaphysique connoît seule ce secret : c'est elle qui nous apprend à tout instant que nous parlons prose sans le savoir, & j'avoue qu'elle ne nous apprend pas autre chose : mais il en faut conclure que sans la métaphysique on est bien ignorant.

Les Cartésiens croient aux idées innées, les Mallebranchistes s'imaginent voir tout en Dieu, & les Sectateurs de Locke disent n'avoir que des sensations. Tous croient juger d'après ce qu'ils sentent : mais cette diversité d'opinions prouve qu'ils ne savent pas tous interroger le sentiment.

Il est difficile de s'assurer de l'évidence de sentimens.

Nous n'avons donc pas l'évidence de sentiment, toutes les fois que nous pensons l'avoir. Au contraire, nous pouvons nous tromper, soit en laissant échapper une partie de ce qui se passe en nous, soit en supposant ce qui n'y est pas, soit en nous déguisant ce qui y est.

Nous laissons échapper une partie de ce qui

se passe en nous. Combien dans les passions de
motifs secrets, qui influent sur notre conduite ? Cependant nous ne nous en doutons
pas : nous sommes intimement convaincus
qu'ils n'ont point de part à nos détermina-
tions, & nous prenons l'illusion pour l'évidence.

Il a été un temps que vous vous imaginiez
être un Prince charmant. Votre sentiment vous
le répétoit tout aussi souvent que les flatteurs.
Alors, Monseigneur, vos défauts vous échap-
poient, vous ne vous apperceviez point des ca-
prices qui influoient dans votre conduite, &
tout ce que vous vouliez, vous paroissoit raisonnable. Aujourd'hui vous commencez à vous
méfier & des flatteurs, & de vous-même;
vous concevez que nous avons raison de vous
punir, & souvent vous vous condamnez vous-
même; c'est d'un bon augure. Mais laissons vos
défauts, dont nous n'avons que trop souvent
occasion de vous entretenir, & venons à des
exemples qui choqueront moins votre amour
propre.

Chaque instant produit en nous des sensations que le sentiment ne fait point remarquer, & qui à notre insu déterminant nos
mouvements, veillent à notre conservation.
Je

Je vois une pierre prête à tomber sur moi,
& je l'évite ; c'est que l'idée de la mort ou
de la douleur se présente à moi ; je la sens,
& j'agis en conséquence. Actuellement que
vous donnez toute votre attention à ce que
vous lisez, vous ne vous occupez que des
idées qui s'offrent à vous, & vous ne remarquez pas que vous avez le sentiment
des mots, & des lettres. Vous voyez par
ces exemples qu'il faut de la réflexion pour
juger sûrement de tout ce que nous sentons.
Croire que nous avons toujours senti, comme nous sentons aujourd'hui, c'est donc supposer que nous n'avons jamais été dans l'enfance : & par conséquent, c'est avoir laissé
échapper bien des choses qui se sont passées
en nous.

Nous supposons en nous ce qui n'y est pas ;
car dès que le sentiment laisse échapper une
partie de ce qui se passe en nous, c'est une conséquence qu'il y suppose ce qui n'y est pas. Si
dans les passions nous ignorons les vrais motifs qui nous déterminent, nous en imaginons
qui n'ont point, ou qui n'ont que très peu de
part à nos actions : il y a si peu de différence
entre imaginer & sentir, qu'il est tout naturel
qu'on juge sentir en soi, ce qu'on imagine de-
voir y être.

Tom. III. D

Parce que nous suppo-
sons ce qui n'y
est pas.

Faites remarquer à un homme qui se pro‑
mene, tous les tours qu'il a faits dans un
jardin ; & demandez-lui pourquoi il a pas‑
sé par une allée plutôt que par une autre.
Il pourra fort bien vous répondre : *je sens*
que j'ai été libre de choisir, & que si j'ai
préféré cette allée, c'est uniquement parce que
je l'ai voulu.

Il se peut cependant qu'il n'ait point fait en
cela d'acte de liberté, & qu'il se soit laissé aller
aussi nécessairement qu'un être qui seroit poussé
par une force étrangere. Mais il a le sentiment
de sa liberté, il l'étend à toutes ses actions, &
comme il sent qu'il est souvent libre, il croit
sentir qu'il l'est toujours.

Un Manchot a le sentiment de la main
qu'on lui a coupée. C'est à elle qu'il rap‑
porte la douleur qu'il éprouve, & il diroit :
il m'est évident que j'ai encore ma main. Mais
le souvenir de l'opération qu'on lui a faite,
prévient une erreur, que la vue & le tou‑
cher détruiroient.

Parceque
nous nous dé-
guisons ce qui
est en nous.

Enfin nous nous déguisons ce qui est en nous.
On prend, par exemple, pour naturel ce qui
est habitude, & pour inné ce qui est acquis ;
& un Mallebranchiste ne doute pas que lors‑

qu'il eft prêt à tomber d'un côté, fon corps ne
fe rejette naturellement de l'autre. Eſt-il donc
naturel à l'homme de marcher, & n'eſt-ce pas
à force de tâtonnement que les enfants fe font
une habitude de tenir leur corps en équilibre?
Quoi qu'en diſe Mallebranche, ce n'eſt pas la
nature qui regle les mouvements de notre
corps, c'eſt l'habitude.

De tous les moyens que nous avons pour
acquérir des connoiſſances, il n'en eſt point qui
ne puiſſe nous tromper. En métaphyſique le fentiment nous égare; en phyſique l'obſervation,
en mathématique le calcul : mais comme il y
a des loix pour bien calculer, & pour bien obferver; il y en a pour bien fentir, & pour bien
juger de ce qu'on fent.

Il y a cepen-
dant des mo-
yens pour s'aſ-
furer de l'évi-
dence de fen-
timent.

A la vérité, il ne faut pas fe flatter de démêler toujours tout ce qui fe paſſe en nous : mais
cette ignorance n'eſt pas une erreur. Nous y
découvrirons même d'autant plus de choſes,
que nous éviterons plus foigneufement les deux
autres inconvénients. Car les préjugés qui fuppofent en nous ce qui n'y eſt pas, ou qui
déguifent ce qui y eſt, font un obſtacle aux
découvertes, & une fource d'erreurs. C'eſt
par eux que nous jugeons de ce que nous
ne voyons pas, & que fubſtituant ce que

nous imaginons à ce qui eſt, nous nous formons des fantômes. Les préjugés nous aveu-
glent ſur nous, comme ſur tout ce qui nous
environne.

Nous ne pourrons donc nous aſſurer de l'évidence du ſentiment, qu'autant que nous ferons
ſûrs de ne pas ſuppoſer en nous ce qui n'y eſt
pas, & de ne pas nous déguiſer ce qui y eſt; &
ſi nous réuſſiſſons en cela, nous y découvrirons
des choſes dont auparavant nous n'aurions pas
pu avoir le moindre ſoupçon, & nous voyant
à-peu-près comme nous ſommes, nous ne laiſ-
ſerons échapper que ce qui eſt tout-à-fait im-
poſſible à ſaiſir.

Mais il n'arrivera jamais de ſuppoſer en ſoi
ce qui n'y eſt pas, ſi on ne ſe déguiſe jamais ce qui
y eſt. Nous ne donnons à nos actions des motifs
qu'elles n'ont pas, que parce que nous voulons
nous cacher ceux qui nous déterminent; &
nous ne croyons avoir été libres dans le moment où nous n'avons fait aucun uſage de notre
liberté, que parce que notre ſituation ne nous a
pas permis de remarquer le peu de part que notre
choix avoit à nos mouvements, & la force des
cauſes qui nous entraînoient. Nous n'avons
donc qu'à ne pas nous déguiſer ce qui ſe paſſe
en nous, & nous éviterons toutes les erreurs

que le fentiment peut occafionner. Par conféquent, toutes les méprifes où nous tombons,
lorfque nous confultons le fentiment, viennent
uniquement de ce que nous nous déguifons ce
que nous fentons : car nous déguifer ce qui eft
en nous, c'eft ne pas voir ce qui y eft, & voir
ce qui n'y eft pas.

CHAPITRE V.

D'un préjugé qui ne permet pas de s'assurer de l'évidence de sentiment.

Pour s'assurer de l'évidence de sentiment, il faut apprendre à ne pas confondre l'habitude avec la nature.

IL n'y a personne qui ne soit porté à juger qu'il a l'évidence de sentiment, toutes les fois qu'il parle d'après ce qu'il croit sentir. Ce préjugé est une source d'erreurs. Celui-là seul a l'évidence de sentiment, qui sachant dépouiller l'ame de tout ce qu'elle a acquis, ne confond jamais l'habitude avec la nature. Ainsi on est fondé à refuser au plus grand nombre cette évidence, qui au premier coup d'œil paroît être le partage de tout le monde. Chacun sent qu'il existe, qu'il voit, qu'il entend, qu'il agit, & personne en cela ne se trompe. Mais quand il est question de la maniere d'exister, de voir, d'entendre & d'agir, combien y en a-t-il qui sachent éviter l'erreur? Tous cependant en appellent au sentiment.

L'ame ac- On a quelquefois remarqué l'étonnement

d'un homme tout à-fait ignorant, qui entend parler une langue étrangere; il sent qu'il parle la sienne si naturellement, qu'il croit sentir qu'elle est seule naturelle. Sur d'autres objets les philoso-phes se trompent tout aussi grossiérement. Nous voyons le corps commencer à se développer, & passer de l'âge de foiblesse à l'âge de force. Ici le sentiment ne peut pas nous trómper, & personne n'a osé avancer que le corps de l'hom-me n'est jamais dans l'enfance. C'est peut-être la seule absurdité que les philosophes ayent oublié de dire. Est il donc moins absurde de penser que l'ame est née avec toutes ses idées, & avec toutes ses facultés? Ne suffit-il pas de s'observer pour voir qu'elle a ses commence-ments dans le développement de ses facultés, & dans l'acquisition de ses idées? Disons plus, s'il y a de la différence, elle n'est pas à son avantage; car, il s'en faut bien qu'elle fasse les mêmes progrès que le corps. Mais en général nous sommes tous portés à croire que nous avons toujours senti comme nous sentons actuellement, & que la nature seule nous a fait ce que nous sommes. C'est ce préjugé qu'il faut détruire: tant qu'il subsistera, les témoignages du senti-ment seront très équivoques.

Or, nous ne pouvons pas nous cacher que l'esprit acquiert la faculté de réfléchir, d'ima-giner, & de penser; comme le corps acquiert

la faculté de se mouvoir avec adresse & agilité.
Nous nous souvenons encore du temps où nous
n'avions aucune idée de certains arts & de certaines sciences. L'éloquence, la poësie, & tous
les prétendus dons de la nature, nous les devons aux circonstances & à l'étude. Le seul
avantage qu'on apporte en naissant, c'est des
organes mieux disposés. Celui dont les organes reçoivent des impressions plus vives &
plus variées, & contractent plus facilement
des habitudes, devient suivant l'espece de ses
habitudes, poëte, orateur, philosophe, &c.
tandis que les autres restent ce que la nature
les a faits. N'écoutons point ceux qui répétent
sans cesse : *on n'est que ce qu'on est né : on ne*
devient point poëte, on ne devient point ora-
teur, &c. c'est la vanité qui parle d'après le
préjugé.

Il faut juger des qualités que nous croyons avoir toujours eues, par celles que nous savons avoir acquises. Il y a des qualités que nous ne doutons pas
d'avoir acquises, parce que nous nous souve-
nons du temps, où nous ne les avions pas.
N'est-ce pas une raison de conjecturer qu'il
n'en est point que nous n'ayons acquises ?
Pourquoi l'ame acquerroit-elle dans un âge
avancé, si elle n'avoit pas acquis dans une âge
tendre ? Je suis aujourd'hui obligé d'étudier
pour m'instruire, & dans l'enfance j'étois ins-
truit sans avoir étudié ! Il est vrai que la mémoire ne conserve point de traces de ces pre-

mieres études : mais le sentiment qui nous avertit aujourd'hui de celles que nous faisons, ne nous permet pas de douter de celles que nous avons faites.

Si nous n'avons aucun souvenir des premiers moments de notre vie, comment, dira-t-on, pourrons-nous nous mettre dans la situation de nous sentir précisément tels que nous avons été : comment nous donnerons-nous le sentiment d'un état qui n'est plus, & que nous ne pouvons nous rappeller ?

Comment nous pouvons juger de ce que nous avons acquis dès les premiers momens de notre vie.

L'ignorance précipite toujours ses jugements, & traite d'impossible tout ce qu'elle ne comprend pas. L'histoire de nos facultés & de nos idées paroît un roman tout-à-fait chimérique aux esprits qui manquent de pénétration : il seroit plus aisé de les réduire au silence, que de les éclairer. Combien en physique, & en astronomie, de découvertes jugées impossibles par les ignorants d'autrefois ! ceux d'aujourd'hui, sans doute, seroient bien tentés de les nier, ils ne disent rien cependant, & les plus adroits cachent leur défaut de lumiere par un consentement tacite.

Il ne s'agit pas d'entreprendre l'histoire des pensées de chaque individu : car chacun a quelque chose de particulier dans sa maniere de

fentir : foit parce qu'il y a toujours de la différence entre les organes de l'un à l'autre ; foit
parce qu'ils ne paffent pas tous par les mêmes
circonftances. Mais il y a auffi une organifation commune : tous ont des yeux, quoiqu'ils
les ayent différents ; tous ont des fenfations
de couleur, quoiqu'ils n'apperçoivent pas les
mêmes nuances. Il y a auffi des circonftances
générales : telles font les circonftances qui ap-
prennent à chaque individu à pourvoir à fes
befoins par les mêmes moyens.

Nous pouvons donc nous repréfenter les
effets de ce qu'il y a de commun dans l'organifation, & de général dans les circonftances ;
& juger par-là de la génération de nos facultés, ainfi que de l'origine, & des progrès de
nos idées.

Le point effentiel eft de bien difcerner
quelles font les chofes fur lefquelles le fentiment nous éclaire, & quel en eft le degré de
lumiere. Car s'il eft vrai que nous fentons tout
ce qui fe paffe en nous, il eft également vrai
que nous ne remarquons pas tout ce que nous
fentons. L'habitude & la paffion nous jettent
continuellement dans l'illufion. Pour nous connoître, il faut d'abord nous obferver dans ces
circonftances générales, où les paffions nous

en impofent moins, & où nous pouvons plus
aifément nous féparer de nos habitudes.

Il n'eft pas poffible d'interroger le fentiment
fur ce qui nous eft arrivé dans l'enfance. Mais
fi nous confidérons ces circonftances générales
qui ont été les mêmes dans tous les âges, ce
que nous fentons aujourd'hui nous fera juger
de ce que nous avons fenti, & nous ferons en
droit de conclure de l'un à l'autre. Par ce
moyen nous verrons, par exemple, évidemment que le befoin eft le principe du développement des facultés. De-là, il arrive qu'il y
a telles circonftances où l'homme fait peu de
progrès, tandis que dans d'autres il crée les
arts, les fciences & les différents fyftêmes qui
font la bafe des fociétés. Mais ces chofes
vous ont déja été fuffifamment prouvées, & je
paffe à d'autres exemples.

CHAPITRE VI.

Exemples propres à faire voir com-
ment on peut s'aſſurer de l'éviden-
ce de ſentiment.

Je vais vous propoſer quelques queſtions à
réſoudre, & vous me direz ce que le ſentiment
vous répondra.

PREMIERE QUESTION.

Premier exemple. *L'ame ſe ſent elle indépendamment du corps ?*
Remarquez-bien que je ne vous demande pas
ſi elle peut ſe ſentir ſans le corps. Je vous ai
dit & prouvé plus d'une fois que l'ame eſt une
ſubſtance ſimple, & par conſéquent, toute différente d'une ſubſtance étendue. Je vous ai fait

remarquer qu'il n'y a aucun rapport entre les mouvements qui se passent dans les organes, & les sentiments que nous éprouvons. Nous en avons conclu que le corps n'agit pas par lui-même sur l'ame; il n'est pas la cause, propre-ment dite, de ses sensations, il n'en est que l'occasion, ou comme on parle communément, la cause occasionnelle. Mais cette question est du ressort de l'évidence de raison, & il s'agit maintenant de l'évidence de sentiment. Je re-viens donc à la premiere question, & je vais vous la présenter sous différentes faces. C'est une précaution nécessaire pour ne rien préci-piter.

Une ame, qui n'a encore été unie à aucun corps, se sent-elle? En vain nous interrogeons le sentiment, il ne répond rien : nous ne nous sommes pas trouvés dans ce cas, ni l'un ni l'autre; ou nous ne nous souvenons pas d'y avoir été, & c'est la même chose.

Votre ame unie actuellement à votre corps, se sent-elle? vous répondrez, *oui*, sans ba-lancer : vous avez l'évidence.

Mais comment se sent-elle? comme si elle étoit répandue dans tout votre corps. Il est évi-dent que vous sentez un objet que vous touchez , comme fi votre ame étoit dans votre main ; que vous fentez un objet que vous voyez , comme fi votre ame étoit dans vos yeux ; & qu'en un mot, toutes vos fenfations paroiffent être dans les organes, qui n'en font que la caufe occafionnelle.

Ce jugement eft fondé fur l'évidence. Car fi le fentiment peut tromper, lorfqu'on veut juger de la maniere dont on fent ; il ne peut plus tromper , lorfqu'on le confulte pour juger feulement de la maniere dont on paroît fentir.

Le fentiment démontre donc que les parties du corps paroiffent fenfibles. Mais lorfqu'il s'agit de favoir , fi en effet elles le font, ou ne le font pas, il ne démontre plus rien ; parce que dans l'un & l'autre cas , les apparences feroiént les mêmes. Cette queftion n'eft donc pas de celles qu'on peut réfoudre par l'évidence de fentiment.

SECONDE QUESTION.

second *L'ame pourroit-elle fe fentir , fans rapporter*

ses sensations à son corps, sans avoir aucune exemple.
idée de son corps ?

Avant de répondre à cette question, il faut demander de quelles sensations on entend parler ; car ce qui seroit vrai des unes, pourroit ne l'être pas des autres.

S'agit-il des sensations du toucher ? Il est évident que sentir un corps, & sentir l'organe qui le touche, sont deux sentimens inséparables. Je ne sens ma plume, que parce que je sens la main qui la tient. En ce cas, les sensation de l'ame se rapportent au corps, & m'en donnent une idée.

S'agit-il des sensations de l'odorat ? Ce n'est plus la même chose. Comme il est évident qu'avec ses seules sensations mon ame ne pourra pas ne pas se sentir, il l'est aussi qu'il ne lui seroit pas possible de se faire l'idée d'aucun corps. Bornez-vous pour un moment à l'organe de l'odorat ; vous ferez-vous des idées de couleur, de son, d'étendue, d'espace, de figure, de solidité, de pesanteur, &c. Voilà cependant ce dont vous formez les idées que vous avez du corps. Quelles sont donc vos idées dans cette supposition ? vous sentez des odeurs, quand votre organe est affecté, &

dans ces odeurs vous avez le fentiment de
vous-même. Votre organe ne reçoit-il
point d'impreffion? Vous n'avez ni le fentiment des odeurs, ni celui de votre être.
Par conféquent, ces odeurs ne fe montrent à
vous que comme différentes modifications
de vous-même : vous ne voyez que vous dans
chacune, & vous vous voyez modifié différemment. Vous vous croirez donc fucceffivement toutes les odeurs, & vous ne pourrez pas vous croire autre chofe. Cela eft
évident ; mais cela ne l'eft que dans la fuppofition que je fais, & dans laquelle il faut
bien vous placer.

Je dis plus : c'eft que même avec tous vos
fens, vous pourriez concevoir affez vivement
une idée abftraite, pour n'appercevoir que votre
penfée. Votre corps pour ce moment vous
échapperoit, l'idée ne s'en préfenteroit point
à vous ; non parce qu'il cefferoit d'agir fur
votre ame, mais parce que vous cefferiez vous-
même de remarquer les impreffions que vous
en recevez.

Voilà ce qui a trompé les philofophes. Parce
que fortement occupés d'une idée, ils oublient
ce que leur ame doit à leur corps ; ils fe font
imaginés qu'elle ne lui doit rien, & ils ont
pris

pris pour innées des idées qui tirent leur
origine des fens.

TROISIEME QUESTION,

---

*Voit-on des diftances, des grandeurs, des fi-
gures, & des fituations dès le premier inftant
qu'on ouvre les yeux ?*

Il paroît qu'on les doit voir. Mais fi cette
apparence peut être produite de deux façons,
le fentiment d'après lequel on fe hâte de juger,
ne fera rien moins qu'évident. Que la vifion fe
faffe uniquement en vertu de l'organifation, ou
qu'elle fe faffe en vertu des habitudes contrac-
tées, l'effet eft le même pour nous. Il faut
donc examiner fi nous voyons des grandeurs,
des diftances, &c. parce que nous fommes or-
ganifés pour les voir naturellement, ou fi nous
avons appris à les voir.

Troifieme
exemple.

Il m'eft évident que les fenfations de couleur ne font pour mon ame que différentes
manieres de fe fentir: ce ne font que fes propres modifications. Que je me fuppofe donc

borné à la vue : jugerai-je de ces modifications comme des odeurs , qu'elles ne font
qu'en moi-même ? ou les jugerai-je tout-à-
coup hors de moi , fur des objets dont rien
ne m'a encore appris l'exiftence ?

Si je n'avois que le fens du toucher, je con-
çois que je me ferois des idées de diftances , de
figures , &c. Il me fuffiroit de rapporter au
bout de ma main & de mes doigts les fenfations qui fe tranfmettroient jufqu'à moi ; mon
ame alors s'étend , pour ainfi dire , le long de
mes bras , fe répand dans la main , & trouve
dans cet organe la mefure des objets. Mais
dans la fuppofition que j'ai faite , ce n'eft pas la
même chofe. Mon ame n'ira pas le long des
rayons chercher les objets éloignés. Il eft donc
d'abord certain , que rien ne peut encore la
faire juger des diftances.

Dès qu'elle ne juge pas des diftances , elle
ne juge pas des grandeurs , elle ne juge pas des
figures. Mais il eft inutile d'entrer dans de
plus grands détails à ce fujet.

Quatrieme
exemple.   Perfonne ne peut dire, *il m'eft évident que*
je me fuis fenti , lorfque mon ame n'avoit en-
core reçu aucune fenfation ; comme il peut dire
il m'eft évident que je fens actuellement que j'en

reçois. On ne seroit pas plus fondé à dite, *il m'est evident que je ne me sentois
pas, lorsque mon corps n'avoit encore fait
aucune impression sur mon ame.* L'évidence
de sentiment ne sauroit remonter aussi haut.
Mais dans la supposition où une ame ne
se sentiroit, que parce qu'elle auroit des sensations, on pourroit demander, quelles seroient ses facultés, si elle auroit des idées,
si elle en auroit de toute espece, comment elle les acquerreroit, quel en seroit le
progrès ? Vous savez la réponse à toutes ces
questions.

Il semble que l'évidence de sentiment est
la plus sûre de toutes : car de quoi sera-t-on
sûr si on ne l'est pas de ce qu'on sent ? Cependant, Monseigneur, vous le voyez ; c'est
cette évidence-là dont il est le plus difficile de
s'assurer. Toujours portés à juger d'après les
préjugés, nous confondons l'habitude avec la
nature, & nous croyons avoir senti, dès les
premiers instants, comme nous sentons aujour-
d'hui. Nous ne sommes qu'habitudes : mais
parce que nous ne savons pas comment les
habitudes se contractent, nous jugeons que la
nature seule nous a faits ce que nous sommes.

Il faut vous garantir de ce préjugé, Monseigneur, & ne pas vous imaginer que la na-

ture a tout fait pour vous, & qu'il ne vous reste rien à faire.

Si dans ce chapitre j'ai mis en question des choses que vous saviez déja, c'est que pour connoître comment on s'assure de l'évidence de sentiment, rien n'est plus simple que d'observer comment on a acquis des connoissances par cette voie.

CHAPITRE VII.

De l'évidence de fait.

Vous remarquez que vous éprouvez différentes impreſſions que vous ne produiſez pas
vous-même. Or, tout effet ſuppoſe une
cauſe. Il y a donc quelque choſe qui agit
ſur nous.

Comment on
connoît qu'il
y a des corps.

Vous appercevez en vous des organes ſur
leſquels agiſſent des êtres qui vous environ-
nent de toutes parts, & vous appercevez que
vos ſenſations ſont un effet de cette action ſur
vos organes. Vous ne ſauriez douter que vous
appercevez ces choſes : le ſentiment vous le
démontre.

Or, on nomme *corps* tons les êtres auxquels nous attribuons cette action.

Réfléchiſſez ſur vous-même, vous reconnoîtrez que les corps ne viennent à votre con-

E ʒ

noiſſance, qu'autant qu'ils agiſſent ſur vos ſens.
Ceux qui n'agiſſent point ſur vous, ſont à
votre égard comme s'ils n'étoient pas. Vos
organes mêmes ne ſe font connoître à vous,
que parce qu'ils agiſſent mutuellement les uns
ſur les autres. Si vous étiez borné à la vue,
vous vous ſentiriez d'une certaine maniere,
& vous ne ſauriez pas même que vous avez
des yeux.

Mais comment connoiſſez-vous les corps ?
Comment connoiſſez vous ceux dont vos organes ſont formés, & ceux qui ſont exté-
rieurs à vos organes. Vous voyez des ſurfaces, vous les touchez : la même évidence
de ſentiment qui vous prouve que vous les
voyez, que vous les touchez, vous prouve
auſſi que vous ne ſauriez pénétrer plus avant.
Vous ne connoiſſez donc pas la nature des
corps, c'eſt-à-dire, que vous ne ſavez
pas pourquoi ils vous paroiſſent tels qu'ils vous
paroiſſent.

Cependant l'évidence de ſentiment vous démontre l'exiſtence de ces apparences ; & l'é-
vidence de raiſon vous démontre l'exiſtence
de quelque choſe qui les produit. Car dire
qu'il y a des apparences, c'eſt dire qu'il y a
des effets ; c'eſt dire qu'il y a des cauſes.

J'appelle *fait* toutes les chofes que nous ap- Ce qu'on en-
percevons dans les corps. Soit que ces chofes tend par un fait.
exiftent dans les corps, telles qu'elles nous paroiffent, foit qu'il n'y ait rien de femblable
dans les corps, & que nous n'appercevions
que des apparences produites par des propriétés que nous ne connoiffons pas. C'eft un fait
que les corps font étendus, c'en eft un autre
qu'ils font colorés ; quoique nous ne fachions
pas pourquoi ils nous paroiffent étendus & colorés.

L'évidence doit exclure toute forte de doute. Donc l'évidence de fait ne fauroit avoir
pour objet les propriétés abfolues des corps :
elle ne peut nous faire connoître ce qu'ils font
en eux-mêmes, puifque nous en ignorons
tout-à-fait la nature.

Mais quels qu'ils foient en eux-mêmes,
je ne faurois douter des rapports qu'ils ont à
moi. C'eft fur ces rapports que l'évidence de
fait nous éclaire, & elle ne fauroit avoir d'autre objet. C'eft une évidence de fait que le
foleil fe leve, qu'il fe couche, & qu'il m'é-
claire tout le temps qu'il eft fur l'horifon. Il
faut donc vous fouvenir que je ne parlerai
que des propriétés relatives, toutes les fois que
je dirai qu'une chofe eft évidente de fait.

E 4

Mais il faut vous souvenir aussi que ces propriétés rélatives prouvent des propriétés ab-
solues , comme l'effet prouve la cause. L'é-
vidence de fait suppose donc ces propriétés,
bien loin de les exclure ; & si elle n'en fait
pas son objet, c'est qu'il nous est impossible
de les connoître.

CHAPITRE VIII.

De l'objet de l'évidence de fait &
comment on doit la faire concourir
avec l'évidence de raison.

L'ÉVIDENCE de fait, Monseigneur, fournit tous les matériaux de cette science qu'on
nomme physique, & dont l'objet est de traiter des corps. Mais il ne suffit pas de recueillir des faits ; il faut autant qu'il est possible les
disposer dans un ordre, qui montrant le rapport des effets aux causes, forme un système
d'une suite d'observations.

L'évidence de
fait & l'évidence de raison doivent
concourir ensemble.

Vous comprenez donc que l'évidence de fait
doit toujours être accompagnée de l'évidence
de raison. Celle-là donne les choses qui ont
été observées, celle ci fait voir par quelles
loix elles naissent les unes des autres. Il seroit
donc bien inutile d'entreprendre de considérer l'évidence de fait séparément de toute
autre.

Mais quoiqu'affurés par l'évidence de fait des chofes que nous obfervons, nous ne le fommes pas toujours de n'avoir pas laiffé échapper quelques confidérations effentielles. Lors donc que nous tirons une conféquence d'une obfervation, l'évidence de raifon a befoin d'être confirmée par de nouvelles obfervations. Toutes les conditions étant données, l'évidence de raifon eft certaine : mais c'eft à l'évidence de fait à prouver que nous n'avons oublié aucune des conditions. C'eft ainfi qu'elles doivent concourir l'une & l'autre à la formation d'un fyftème. Il ne s'agit donc pas de confidérer abfolument l'évidence de fait toute feule : il faut que l'évidence de raifon vienne à fon fecours, & qu'elle nous conduife dans nos obfervations.

Ce qu'on en-tend par phé-nomene.

Il y a des faits qui ont pour caufe immédiate la volonté d'un être intelligent; tel eft le mouvement de votre bras. Il y en a d'autres qui font l'effet immédiat des loix auxquelles les corps font affujettis, & qui arrivent de la même maniere toutes les fois que les circonftances font les mêmes. C'eft ainfi qu'un corps fufpendu tombe, fi vous coupez la corde qui le foutient. Tous les faits de cette efpece fe nomment phénomenes, & les loix dont ils dépendent, fe nomment loix naturelles. L'objet

de la phyſique eſt de connoître ces phénomenes & ces loix.

Pour y parvenir, il faut donner une attention particuliere à chaque choſe, & comparer
avec ſoin les faits, & les circonſtances : c'eſt
ce qu'on entend par *obſerver*, & les phénomenes découverts s'appellent obſervations.

Ce qu'on entend par obſervation.

Mais pour découvrir des phénomenes, il
ne ſuffit pas toujours d'obſerver : il faut encore
employer des moyens propres à les rapprocher,
à les dégager de tout ce qui les cache, à les
mettre à portée de notre vue. C'eſt ce qu'on
nomme des expériences. Il a fallu, par exemple, faire des expériences pour obſerver la peſanteur de l'air. Telle eſt la différence que
vous devez mettre entre phénomene, obſervation, & expérience : mots qui ſont aſſez
ſouvent confondus.

Ce qu'on entend par ex-périence.

C'eſt aux bons phyſiciens à nous apprendre
comment on doit faire concourir l'évidence de
raiſon avec l'évidence de fait. Etudions les.
Mon deſſein néanmoins n'eſt pas de vous pré-
ſenter un cours de phyſique. Je veux ſeulement vous faire connoître comment on doit
raiſonner dans cette ſcience, & vous mettre
en état de l'approfondir, à proportion que des
affaires plus importantes vous permettront de

Objet que je me propoſe dans la ſuite de cet ouvra-ge.

vous prêter à cette étude. Vous ne devez être, Monseigneur, ni physicien, ni géometre, ni astronome, ni même métaphysicien, quoique votre précepteur le soit. Mais vous devez savoir raisonner, & vous le devez d'autant plus qu'un faux raisonnement, de la part d'un prince, peut faire sa perte & celle de son peuple.

D'ailleurs vous conviendrez qu'il seroit bien humiliant pour vous de n'être jamais à portée d'entendre les personnes instruites, de craindre leur abord, de n'admettre à votre cour que des sots, ou des demi-savants qui sont de tous les sots les plus importuns aux yeux d'un homme sensé. Voulez-vous n'avoir pas peur des gens d'esprit ? Acquérez des lumieres : rendez vous capable de dispenser ces marques de considération, qui ne sont flatteuses, même de la part d'un prince, que lorsqu'elles sont éclairées. Ayez l'ame assez grande pour respecter la science & la vertu, quelque part qu'elles se trouvent réunies; & rougissez, si vous n'avez d'avantages que par votre naissance.

Dans le livre suivant nous raisonnerons sur les principes du mouvement, & nous essayerons de découvrir les premiers principes des méchaniques.

LIVRE SECOND.

Où l'on fait voir par des exemples comment l'évidence de fait & l'évidence de raison concourent à la découverte de la vérité.

CHAPITRE I.

Du mouvement & de la force qui le produit.

L E mouvement, c'est-à-dire, le transport d'un corps, d'un lieu dans un autre, est le premier phénomene qui nous frappe ; il est par-tout, il est toujours.

Le mouvement est le premier phénomene.

Le lieu d'un corps est une partie de l'espace. L'idée de lieu suppose un espace qui renferme l'univers, & le lieu de chaque corps est la partie qu'il occupe dans cet espace.

Nous ne connoissons que le lieu relatif. Nous ne pouvons pas observer le lieu absolu des corps; nous ne voyons que la situation où ils sont les uns à l'égard des autres, c'est-à-dire, que nous n'en voyons que le lieu relatif.

Nous ne connoissons que le mouvement relatif. Il ne nous est pas possible de connoître le mouvement absolu. Immobiles dans ce cabinet, nous sommes dans le même lieu par rapport à la terre; mais nous passons continuellement d'un lieu absolu dans un autre, puisque nous sommes transportés avec la terre qui tourne sur son axe & autour du soleil. Imaginez vous que la terre est un vaisseau dont cette chambre fait une partie; vous conclurez de cette considération, que tout ce que nous pouvons dire du mouvement & du repos, doit s'entendre du mouvement & du repos relatifs.

La force qui est la cause du mouvement, ne nous est pas connue. Mais quoique nous ne connoissions ni le mouvement ni le repos absolus, c'est autre chose d'être immobile sur la terre, & autre chose d'y être en mouvement. Or, quelle est la cause de ces phénomenes?

Quand vous remuez un corps, quand vous

changez vous-même de place, la cause de ce
mouvement est accompagnée en vous d'un
sentiment, qui vous fait remarquer quelque
chose qui agit, & quelque chose qui résiste à
l'action. Vous donnez à ce quelque chose qui
agit le nom de *force*, & à ce qui résiste le
nom *d'obstacle*. Dès-lors vous vous représen-
tez l'idée de force comme relative à l'idée
d'obstacle, & vous ne concevez plus que la
force fut nécessaire, s'il n'y avoit point de résistance à vaincre.

Cependant le sentiment ne vous apprend
point quelle est cette cause qui produit votre
mouvement : si vous y faites attention, vous
reconnoîtrez que vous sentez plutôt le mouvement, que la cause qui le produit.

Or, si vous ne savez pas ce qui produit en
vous le mouvement, vous êtes bien loin de
savoir ce qui le produit dans des corps auxquels vous ne sauriez attribuer rien de semblable à ce que vous sentez.

Dès le premier pas, nous sommes donc obligés de reconnoître notre ignorance. Nous sommes sûrs que le mouvement existe, qu'il a une
cause, mais cette cause nous l'ignorons. Rien
n'empêche néanmoins que nous ne lui don-

nions un nom : c'eft pourquoi nous lui con-
ferverons celui *de force.*

La vîteſſe eſt la promptitude avec laquelle
un corps fe tranſporte fucceſſivement dans l'efpace. Par-là, vous fentez que nous ne pouvons
juger de la vîteſſe que par l'efpace parcouru
dans un temps déterminé ; & vous jugerez
la vîteſſe de A , double de celle de B , ſi , pendant le même intervalle de temps, il parcourt
un efpace double.

La vîteſſe eſt comme l'ef-pace parcou-ru dans un temps donné.

Vous n'aurez donc des idées exactes de la
vîteſſe , qu'autant que vous en aurez de l'efpace , & du temps. Mais qu'eſt ce que le temps
& l'efpace ? Ce font deux chofes , Monfeigneur , fur lefquelles les philofophes ont dit
bien des abfurdités.

Il n'eſt pas douteux que nous n'ayons par
les fens l'idée de l'étendue des corps, c'eſt-à-
dire, d'une étendue colorée , palpable , &c.
il n'eſt pas douteux encore que nous ne puiffions par une abſtraction féparer de cette étendue toutes les qualités viſibles , tactiles, &c.
il nous refte donc l'idée d'une étendue toute
différente de celle des corps : c'eſt ce qu'on
nomme *efpace.*

Mais nous ne connoiſſons ni la nature de l'efpace,

Les qualités tactiles que nous fentons dans les
corps ,

corps, nous les repréfentent comme impéné-
trables ; c'eft-à-dire, comme ne pouvant pas
occuper un même lieu, comme étant néceffairement les uns hors des autres. En retranchant
ces qualités par une abftraction, il nous refte
un efpace pénétrable, dans lequel les corps
paroiffent fe mouvoir.

Mais de ce que nous formons l'idée de cet
efpace, ce n'eft pas une preuve qu'il exifte ;
car rien ne peut nous affurer que les chofes
foient hors de nous telles que nous les imaginons par abftraction.

Cependant le mouvement tel que nous le
concevons, eft démontré impoffible, fi tout
eft plein. Comment donc nous tirer de ces
difficultés ? En avouant notre ignorance, Monfeigneur, en avouant que nous ne connoiffons
ni le vuide ni le plein. En effet, comment en
aurions-nous une idée exacte ? Nous ne faurions dire ce que c'eft que l'étendue.

Nous n'en favons pas davantage fur le temps.
Nous ne jugeons de la durée que par la fucceffion de nos idées. Mais cette fucceffion n'a
rien de fixe. Si, tranfportant cette fucceffion
hors de nous, nous l'attribuons à tous les
êtres qui exiftent, nous ne favons pas ce que

Tom. III.   F

nous leur attribuons. Nous nous repréſentons cependant une éternité qui n'a ni commencement ni fin. Mais les parties de cette durée ne ſont-elles que des inſtants indiviſibles ? Comment donc forment-elles une durée ? Et ſi elles durent, comment durent-elles, elles-mêmes ? Tout cela eſt incompréhenſible. Nous ne ſaurions faire de la durée & de l'étendue qu'avec de la durée & de l'étendue ; c'eſt-à-dire, que nous n'en ſaurions faire.

Ni celle de la matiere. Comme en ſéparant de l'étendue toutes les qualités ſenſibles , on ſe fait l'idée de l'eſpace ; en conſervant à l'étendue l'impénétrabilité, on ſe fait l'idée de la matiere, c'eſt-à-dire, de quelque choſe d'uniforme dont tous les corps ſont compoſés. Ce n'eſt encore là qu'une idée abſtraite, & nous n'en ſavons pas mieux ce que c'eſt que la matiere.

Il ne faut donc conſidérer ces choſes que par les rapports, qu'-elles ont entre elles & avec nous. Etendue , matiere , corps , eſpace , temps , force , mouvement , vîteſſe , ſont autant de choſes dont la nature nous eſt tout à fait cachée. Nous ne les connoiſſons que comme ayant des rapports entr'elles & avec nous. C'eſt de la ſorte qu'il les faut conſidérer, ſi nous voulons conſerver l'évidence dans nos raiſonnements.

Les philoſophes ont été de tout temps ſu-

jets à réalifer leurs abftractions ; c'eft-à-dire,
à fuppofer fans fondement que les chofes ref-
femblent exactement aux idées qu'ils s'en font.
C'eft ainfi, par exemple, que tranfportant au
dehors cette force & cette réfiftance que nous
fentons, ils ont cru fe faire une idée de ce
qui eft dans les corps , & en raifonnant fur
cette force, ils ont cru raifonner fur une idée
exacte. Delà, font nées des difputes de mots &
des abfurdités fans nombre. Je ne vous arrête-
rai point fur toutes ces erreurs : nous avons
des études , dont il eft plus important de nous
occuper.

CHAPITRE II.

Observations fur le mouvement.

1. UN corps perſévere dans ſon état de reſpos, à moins que quelque cauſe ne l'oblige à changer de lieu, c'eſt-à-dire, à avoir d'autres relations avec les corps environnants, à en être plus ou moins diſtant : car le lieu ne doit être conſidéré que ſous ce rapport, & jamais abſolument.

Un corps en repos perſévere dans ſon état de repos.

C'eſt là un fait dont nous ne pouvons pas douter : car nous voyons qu'un corps en repos n'eſt mis en mouvement, qu'autant qu'une cauſe étrangére agit ſur lui : il faut s'arrêter là. Les philoſophes vous diront qu'il eſt de la nature d'un corps en repos de reſter en repos, & qu'il y a en lui une force par laquelle il réſiſte au mouvement : ils le diront parce qu'ils ſentent l'effort qu'ils ſont obligés de faire, toutes les fois qu'ils veulent tranſporter quelque chofe. Mais quelle idée faut-il fe faire de cette nature, & de cette force réfiftante ? c'eft à quoi ils n'ont rien à répondre.

2. Un corps mu perfévere à fe mouvoir uniformément & en ligne droite. C'eft encore un fait prouvé par l'expérience, car le mouvement ne change de direction, n'eft accéléré, retardé ou anéanti, que lorfque de nouvelles caufes agiffent fur le corps mu. Les philofophes, qui rendent raifon de tout, ne manqueront pas de vous dire : que comme il y a dans le corps en repos une force par laquelle il réfifte au mouvement, il y a dans le corps en mouvement une force par laquelle il réfifte au repos.

Un corps mu perfévere à fe mouvoir uniformément & en ligne droite.

Cette force par laquelle un corps perfévere, felon eux, dans fon état de repos ou de mouvement, ils l'appellent *force d'inertie* ; & dès qu'ils lui ont donné un nom, ils croient en avoir une idée. Voyons s'il feroit poffible de mieux concevoir la chofe.

Nous ne connoiffons pas la caufe de ces phénomenes.

Quoique j'ignore la nature du mouvement, je ne puis douter que le mouvement ne foit autre chofe que le repos. Pour mouvoir il faut donc produire un effet. Or, tout effet demande une caufe, & quoique

F 3

cette caufe foit d'une nature dont je n'ai point
d'idée , je puis lui donner le nom de *force*;
il fuffit pour cela que je fois affuré de fon
exiftence.

Si donc une force eft néceffaire pour mouvoir un corps, ce n'eft pas qu'il y ait dans ce
corps une force qui réfifte , mais c'eft que le
mouvement eft un effet à produire.

D'ailleurs qu'eft-ce que cette force d'inertie
qui réfifteroit au mouvement ? Eft-elle moindre que la force motrice, ou lui eft-elle égale?
Si elle eft moindre , la quantité par laquelle
la force motrice lui eft fupérieure , eft une
force qui ne trouve point de réfiftance. Si elle
lui eft égale , nous ne concevons plus qu'un
corps puiffe être mu ; car deux forces oppofées
ne fauroient rien produire, qu'autant que l'une
furpaffe l'autre ; & dans les cas d'égalité, il
y auroit néceffairement équilibre.

Pour rendre le repos à un corps en mouvement, c'eft un effet à détruire ; & fi ce corps
perfévere dans fon mouvement , ce n'eft pas
par une force d'inertie , c'eft par une force
motrice qui lui a été communiquée. Auffi
voyons nous que le mouvement n'eft retardé
ou anéanti, que lorfqu'un corps rencontre des

obſtacles. Si les forces qui agiſſent dans des
directions oppoſées, ſont égales, il n'y a plus
de mouvement ; ſi la premiere force communiquée continue d'être ſupérieure, le mouvement ne ceſſe pas, il ſe fait ſeulement avec
moins de vîteſſe.

On demande ſi la force motrice eſt inſtan-
tanée & n'agit qu'au premier inſtant, ou ſi ſon
action eſt continuée & ſe répéte à chaque inſtant. C'eſt une queſtion à laquelle nous ne
ſaurions répondre. Si la force n'agit qu'au premier inſtant, pourquoi le corps ſe meut-il encore le ſecond, le troiſieme, &c. nous ne concevons point de liaiſon entre le mouvement du
ſecond inſtant, du troiſieme, &c., & la force
qui n'agit qu'au premier. Il ſemble au contraire
qu'à chaque inſtant le corps eſt comme s'il
commençoit à ſe mouvoir, & que ce qui lui
arrive dans un inſtant quelconque, ne dépend
point de ce qui lui eſt arrivé dans les précédents, & n'influe point ſur ce qui lui arrivera
dans les autres.

L'action de la force ſe répéte-t-elle donc
à chaque inſtant ? Mais ſi elle a beſoin de ſe
répéter dans le ſecond, qu'a-t-elle donc produit dans le premier ? N'a-t-elle pas mu le
corps ? Elle ſe répétera dans le ſecond, dans

*Nous ne ſa-
vons pas com-
ment agit ce
qu'on nom-
me force mo-
trice.*

F 4

le troifieme & dans tous pendant une éternité, que le corps n'en fera pas mu davantage.
L'a-t-elle mu ? Elle lui a donc fait parcourir
un efpace. Mais un efpace ne peut être parcouru qu'en plufieurs inftants, ce qui eft contraire à la fuppofition que la force qui a mu un
corps dans le premier inftant a befoin d'être
répétée pour le mouvoir dans les fuivants.
Nous ne faurions fortir de cette dfficulté. Si
la force eft inftantanée, nous ne concevons pas
que le mouvement puiffe durer au-delà d'un
inftant : & s'il faut qu'elle fe répéte, nous ne
concevons pas que le mouvement puiffe fe
reproduire.

Laiffons donc toutes ces queftions & bor-
nons nous à dire : il y a du mouvement & une
force, c'eft-à-dire, une caufe qui le produit;
mais dont nous n'avons point d'idée.

Ce commencement, Monfeigneur, ne vous
promet pas de grands fuccès : vous voyez toute
notre ignorance, & vous avez de la peine
à comprendre que nous puiffions jamais favoir quelque chofe. Vous en admirerez davantage l'édifice qui va s'élever à vos yeux.

Ce n'eft pas feulement pour vous étonner
davantage, que je vous ai montré combien

nous fommes ignorants ; c'eft que je veux vous
conduire à des connoiffances par la voie la
plus courte & la plus fûre. Or, rien n'étoit
plus propre à ce deffein, que d'écarter toutes
les fauffes idées qu'on fe fait fur le corps, la
matiere, l'efpace, le temps, le mouvement,
la force, &c.

CHAPITRE III.

Des choses qui sont à considérer dans un corps en mouvement.

Comment nous jugeons de la quantité de force. IL y a trois choses à considérer dans un corps en mouvement ; la force, la quantité de matiere, & la vîtesse. Voyons comment nous en pouvons juger : mais souvenez-vous que nous n'avons point d'idée absolue de ces choses, & que nous n'en jugerons jamais, qu'en comparant un corps avec un autre.

Toute cause est égale à son effet. La plus légere réflexion sur les idées de cause & d'effet nous convaincra de cette vérité. Si vous suppofiez l'effet plus grand ; ce qui dans l'effet excéderoit la cause, seroit un effet sans cause ; si vous suppofiez la cause plus grande; ce qui dans la cause excéderoit l'effet, seroit une cause sans effet : ce ne seroit donc plus une cause.

Or, dire que la caufe eft égale à fon effet, c'eft dire, en d'autres termes, que la force eft égale au mouvement.

Mais mouvoir un corps ou mouvoir toutes fes parties à la fois, c'eft la même chofe. La force qui meut, fe diftribue donc dans toutes les parties, & fe multiplie comme elles.

Si A, double de B en maffe, c'eft-à-dire, en quantité de matiere, parcourt le même efpace dans le même temps, il aura donc une force double de celle de B.

Mais fi l'effet n'eft pas le même, lorfque des corps inégaux en maffe parcourent des efpaces femblables dans le même temps; il n'eft pas le même non plus, lorfqu'étant égaux en maffe, ils parcourent dans le même temps des efpaces différents.

Si dans une feconde, A égal à B en maffe, eft tranfporté à 4 toifes, tandis que B ne l'eft qu'à 2, l'effet eft double en A. Il y a douc une force double.

Nous pouvons donc juger de la force par la maffe & par l'efpace parcouru dans un temps donné. Si la maffe eft double, la force fera

quadruple, car il faut une double force pour la
maſſe, & une double force pour l'eſpace.

Le mouvement par lequel un corps parcourt
un certain eſpace dans un certain temps, eſt
ce qu'on nomme ſa vîteſſe. Si la maſſe & la
vîteſſe ſont doubles l'un & l'autre, la force ſera
quadruple. Cette propoſition eſt la même que
la précédente.

Nous la rendrons encore en d'autres termes,
en diſant que la force eſt le produit de la maſſe
multipliée par la vîteſſe.

Comment
nous jugeons
de la vîteſſe.
La vîteſſe eſt plus grande ſuivant l'eſpace
parcouru dans un temps donné. Si dans une
ſeconde, A ſe tranſporte à 4 toiſes, & B ſeulement à 2 il a une vîteſſe double.

La vîteſſe étant la même, l'eſpace parcouru
ſera plus grand ſuivant le temps que le corps
ſera en mouvement. Dans ce cas A, mu pendant 2 ſecondes, parcourt un eſpace double de
celui de B, qui n'eſt mu que pendant une ſeconde.

Rapport qui
eſt entre les
eſpaces par.
Si A, avec une vîteſſe double, eſt mu dans
un temps double, l'eſpace parcouru ſera quadruple.

Les espaces parcourus sont donc entr'eux comme les produits du temps par la vîtesse: c'est ce qu'on exprime encore en disant qu'ils sont en raison composée du temps par la vîtesse.

Dès que vous savez le rapport de l'espace avec la vîtesse & le temps, il vous suffira de connoître l'espace & la vîtesse pour découvrir le temps, ou de connoître l'espace & le temps pour découvrir la vîtesse. Soit, par exemple, l'espace 12, la vîtesse 4 : vous divisez 12 par 4, & le temps sera 3.

CHAPITRE IV.

De la pefanteur

Attraction, caufe incon- nue de la pe- fanteur.

Sɪ vous ceſſez de ſoutenir un corps que vous avez à la main, il tombe, & vous pouvez remarquer ce phénomene dans tous les corps qui ſont près de la terre. Tous deſcendent, ſi aucun obſtacle ne les arrête. Or, cette direction eſt ce qu'on nomme *peſanteur*. Cet effet a pour cauſe une force que nous ne connoiſſons pas, & à laquelle nous donnerons le nom *d'attraction*, parce que nous ſuppoſons qu'un corps ne deſcend, que parce qu'il eſt attiré vers le centre de la terre.

Ce qu'on en- tend par poids

Nous entendons par *poids* la quantité de force avec laquelle un corps deſcend.

Le poids total d'un corps n'eſt que la réunion des poids de toutes les particules qui le compoſent. Ces particules réunies ou ſéparées, ont chacune le même poids; & ce corps ne

peut defcendre , que comme elles defcen-
droient chacune féparément.

Donc les poids de deux corps font entr'eux
comme leurs maffes, c'eft-à dire , en raifon de
la quantité de matiere qu'ils contiennent.

Les poids font
comme les
maffes.

De là il s'enfuit que tous les corps tomberoient avec la même vîteffe , s'ils ne trouvoient
point de réfiftance ; & l'expérience le prouve.
Dans la machine du vuide une piece d'or & une
plume arrivent en bas au même inftant. Qu'on
laiffe entrer l'air dans le cylindre, la plume defcend plus lentement, parce qu'elle trouve plus
de réfiftance.

Les corps de-
vroient donc
tomber avec
la même vî-
teffe.

La pefanteur de l'air eft la caufe de ce phénomene ; car l'air étant pefant, comme on vous
le prouvera , vous comprenez que la plume ne
peut defcendre qu'autant qu'elle chaffe l'air
qui eft au-deffous, & qu'elle le fait monter
tout au tour d'elle.

Mais la réfif-
rance de l'air
met de la dif-
férence dans
la vîteffe de
leur chûte.

Or, un corps qui tombe, doit chaffer plus
d'air à proportion qu'il a un plus gros volume ;
c'eft-à-dire , à proportion qu'il occupe un plus
grand efpace.

La plume a donc une plus grande réfiftance

à vaincre qu'une piece d'or. Elle doit donc tomber plus lentement.

L'attraction que vous regarderez toujours comme la caufe inconnue de la pefanteur, s'obferve dans toutes les particules de la matiere. Pourquoi, par exemple, une goutte d'eau eft-elle fphérique ? C'eft que toutes les parties s'attirant également & mutuellement, il faut néceffairement qu'elles s'arrangent dans l'ordre où elles font, à la moindre diftance les unes des autres. Or cela ne peut arriver qu'autant que tous les points de la fuperficie fe plaçant à la même diftance d'un centre, paffent tous vers ce centre commun.

Vous remarquerez fenfiblement cette attraction, fi vous approchez deux gouttes d'eau l'une de l'autre ; car à peine elles fe toucheront, qu'elles n'en formeront qu'une.

Vous obferverez la même chofe dans les gouttes des métaux en fufion, & vous conclurez de là que toutes leurs parties s'attirent mutuellement.

Si ces gouttes s'appplatiffent , lorfqu'elles touchent une furface plane, c'eft un effet de l'attraction de cette furface.

Repré-

Repréfentez-vous la terre & les planetes, comme autant de gouttes d'eau, & vous comprendrez comment tous les corps dont elles font formées, & tous ceux qui font à une certaine diftance de leur fuperficie, gravitent vers un même centre. Vous conjecturerez que fi deux gouttes d'eau ont befoin de fe toucher pour s'attirer, les planetes ayant une maffe infiniment plus grande, doivent s'attirer à une plus grande diftance.

Vous reconnoîtrez donc dans tous les corps une attraction réciproque, comme vous la connoiffez dans toutes les parties d'un feul. Ainfi vous jugerez que tous les corps & corpufcules répandus dans l'univers gravitent les uns vers les autres : & c'eft là ce qu'on nomme *gravitation univerfelle.*

Si vous n'appercevez pas toujours cette attraction entre tous les corps qui font fur la furface de la terre, c'eft que la terre ayant infiniment plus de matiere, les attire avec tant de force, que leur tendance réciproque devient infenfible.

Il y a des philofophes qui rejettent cette attraction : ce font les Cartéfiens. La raifon fur laquelle ils fe fondent, eft qu'on ne fauroit

Tom. III. G

s'en faire une idée. Ils tâchent donc d'expliquer les phénomenes par l'impulsion, & ils ne s'apperçoivent pas que l'impulsion est une cause tout aussi inconnue. Les Newtoniens, au contraire, ne rejettent pas absolument l'impulsion : ils disent seulement qu'ils ne comprennent pas comment elle produiroit les phénomenes. Mais il n'est pas nécessaire d'entrer dans cette dispute : il vous suffira de remarquer les observations qu'on a faites, & de juger si elles concourent toutes à procurer l'attraction.

CHAPITRE V.

*De l'accélération du mouvement dans
la chûte des corps.*

ON obferve qu'un corps qui tombe, par- Efpace parcouru dans la
premiere fe-
conde.
Fig. 6.
court une perche angloife, ou environ quinze
pieds de France, dans la premiere feconde : il
tombe, par exemple, de A en B.

Or fi, confidérant la force qui le fait def- Suppofition
à ce fujet.
cendre de A en B, comme une impulfion qui
lui a été donnée au commencement de fa chûte,
nous fuppofons qu'il ne reçoive point d'autre
impulfion, il continuera de feconde en feconde
à defcendre par les efpaces égaux Bc, cd, dE,
Ef, &c. & les efpaces parcourus feront en
même nombre que les fecondes.

Mais ce n'eft pas ainfi qu'il defcend, & on
voit que fa chûte s'accélère de feconde en feconde. Nous nous fommes donc trompés, lorf-

G 2

que nous avons fuppofé qu'il ne reçoit point de nouvelle impulfion.

En effet, fi en A, la pefanteur qui fait tomber le corps en B, peut être confidérée comme
une premiere impulfion, elle doit être confidérée
en B, comme une feconde impulfion, puifqu'elle continue d'être en B la même pefanteur
qu'en A. Nous jugerons donc qu'en B le corps
reçoit une feconde impulfion égale à la premiere.
Or, deux impulfions égales doivent lui faire
parcourir un efpace double. Il tombera donc
de B en d, dans le même temps qu'il eft tombé
de A en B; & s'il ne recevoit plus de nouvelles impulfions, il continueroit à parcourir
de feconde en feconde des efpaces, tels que d
f, f h, égaux à B d.

Mais comme en B au commencement du
fecond temps, il a reçu une feconde impulfion, il en reçoit une troifieme en d, où commence le troifieme temps. Il parcourra donc
un efpace égal à trois fois A B : il defcendra
dans la troifieme feconde de d en g : & les efpaces parcourus de feconde en feconde feront
comme les nombres 1, 2, 3, 4, &c.

Ce feroit là un mouvement uniformément
accéléré ; & comme nous fommes portés à

croire que tout se fait uniformément, nous serions bientôt tentés de supposer que c'est ainsi que le mouvement s'accélere dans la chûte des corps. Mais ce seroit encore une méprise, & l'observation, qui doit être notre unique regle, nous fait voir que l'accélération augmente suivant une autre proportion : car le corps tombe en trois secondes de A en K, quoique suivant notre supposition, il ne dût tomber qu'en g.

Fig. 8.

Nous avons supposé que le corps étant parvenu au point B, la pesanteur lui donne une seconde impulsion, égale à celle qu'elle lui a donné au point A : & nous avons conclu qu'il tombe de B en d, dans le même temps qu'il est tombé de A en B.

C'étoit supposer que la pesanteur n'agit que par intervalles, & seulement au commencement de chaque seconde : mais cette supposition est fausse. Puisque le corps ne cesse pas d'être pesant, la pesanteur ne cesse pas d'agir. Elle a donc une action qui continue, ou qui se répéte sans intervalle, dans chaque partie de chaque seconde, & qui, par conséquent, accélere le mouvement à chaque instant. Le corps, au commencement de sa chûte, n'a donc pas une impulsion pour tomber en B en une seconde : il reçoit cette impulsion partie par partie &

Comment la pesanteur agit.

G 2

succeffivement ; & il tombe de A en B par un mouvement accéléré.

Mais parce que nous ne faurions nous repré-senter la loi de cette accélération dans un temps auffi court , nous confidérons la pefanteur, comme fi elle n'agiffoit qu'au commencement de la chûte , & nous fuppofons que l'impulfion qui fait tomber le corps de A en B, a eté don-née tout-à-la fois.

De même nous fuppofons que , lorfque le corps commence à tomber du point B, il reçoit tout-à-la fois une feconde impulfion égale à la premiere ; & parce que ces deux impulfions ne fuffifent pas pour le faire tomber auffi bas que l'obfervation le démontre, il ne refte plus qu'à fuppofer qu'il reçoit encore en tombant une troifieme impulfion égale à chacune des deux autres.

Or, comme une premiere impulfion a fait parcourir l'efpace A B dans le premier temps, trois impulfions égales chacune à la premiere, doivent, dans le fecond temps, faire parcou-rir un efpace trois fois auffi grand que A B. Le corps defcendra donc en E.

Mais puifqu'il a reçu deux nouvelles impulfions dans le fecond temps, je puis fuppofer qu'il en recevra encore deux nouvelles dans le troifieme. Il fera donc mu par cinq impulfions, & il tombera en K.

Enfin, je puis fuppofer que le nombre des impulfions augmente de deux dans chaque temps, & qu'elles font de feconde en feconde comme les nombres 1, 3, 5, 7, 9, &c. les efpaces parçourus fuivront donc la même proportion. C'eft ce que l'obfervation confirme. Elle s'accorde, par conféquent, avec les fuppofitions que nous venons de faire.

C'eft pour aider notre imagination, que nous diftinguons les impulfions, & que nous nous les repréfentons croiffant en nombre dans la proportion 1, 3, 5, 7, 9, &c. comme la premiere impulfion a été reçue fucceffivement, pendant que le corps defcendoit de A en B; c'eft auffi fucceffivement que furviennent les deux nouvelles impulfions, qui fe joignent à la premiere. Mais enfin, quand le corps eft en E, la force des impulfions qu'il a reçues, eft égale à la force des trois impulfions que nous avons pofées, & il importe peu au fond qu'elles lui ayent été données chacune par degrés & fucceffivemens, ou qu'elles lui ayent été données feulement à trois reprifes, & chacune en une fois.

Ufage des fuppofitions dans la recherche de la vérité.

G 4

C'eſt encore pour aider notre imagination, que je conſidére l'action de la peſanteur comme une impulſion plutôt que comme une attraction : car l'idée d'une force qui pouſſe, nous eſt plus familiere, que l'idée d'une force qui attire.

Mais la maniere dont nous venons de raiſonner ſur l'accélération du mouvement dans la chûte des corps, n'eſt, à dire le vrai, qu'un tâtonnement. Nous avons fait une ſuppoſition, & nous nous ſommes trompés : nous en avons fait une ſeconde pour corriger la premiere, & nous en avons fait juſqu'à ce qu'elles ſe ſoient trouvées d'accord avec l'obſervation.

Voilà un exemple de la conduite que nous ſommes ſouvent condamnés à tenir dans l'étude de la nature. Comme nous ne pouvons pas toujours obſerver dès la premiere fois avec préciſion, & que nous ſommes encore moins en état de deviner; nous allons de ſuppoſitions en erreurs, & d'erreurs en ſuppoſitions, juſqu'à ce qu'enfin nous ayons trouvé ce que nous cherchons.

C'eſt ainſi en général que les découvertes ſe font faites. Il a fallu faire des ſuppoſitions, il en a fallu faire de fauſſes; & ces ſortes d'erreurs étoient utiles, parce qu'en indiquant les ob-

fervations qui reftoient à faire, elles condui-
foient à la vérité.

Mais quand une vérité eft trouvée, ce ne
font pas les fuppofitions qui la prouvent, c'eft
leur accord avec l'obfervation, ou plutôt c'eft
l'obfervation feule. Si les phénomenes ne démontroient pas la loi que fuit l'accélération
dans la chûte des corps, il y auroit peu de certitude dans les conféquences que nous tirerions
d'un principe auffi peu connu que la pefanteur.

Il eft donc démontré par l'obfervation plus
que par nos raifonnements, que le mouvement
d'un corps qui tombe eft accéléré, de maniere
que les efpaces décrits, dans des temps égaux,
font comme les nombres 1, 3, 5, 7, &c. (*) | Loi de l'accé-
lération du
mouvement
dans la chûte
des corps.

Cette loi étant connue, vous voyez qu'il y
a un rapport entre les temps & les efpaces parcourus, & vous remarquerez facilement que
la fomme des efpaces eft égale au quarré des
temps, c'eft-à-dire, au nombre des temps | La fomme des
efpaces eft
égale au quar-
ré des temps.

(*) On démontre cette vérité par la théorie de Galilée, &
par d'autres méthodes encore moins à la portée du commun
des lecteurs. Comme je n'ai befoin que du fait, je me fuis
contenté de la rendre fenfible par des fuppofitions.

multiplié par lui-même. Un corps, par exemple, qui tombe pendant quatre secondes, parcourt 16 perches : car 16 est le quarré de 4 ou le produit de 4 multiplié par lui-même.

Comment on peut connoître à quelle hauteur un projectiles'est élevé. Vous remarquerez encore qu'un corps étant jeté en haut, la pesanteur doit en retarder le mouvement, dans la même proportion qu'elle accélere celui d'un corps qui tombe. Si dans la premiere seconde, le corps qui s'é-leve parcourt 7 perches, dans la seconde il en parcourra 5, 3 dans la troisieme, & une dans la quatrieme. Dans le même intervalle de temps, il perd en s'élevant, la même quantité de force qu'il auroit acquise en tombant.

Par là, vous pouvez connoître à quelle hauteur un projectile, comme une bombe, s'est élevé. Il n'y a qu'à observer le nombre des se-condes écoulées depuis le moment où l'on met le feu au mortier, à celui où la bombe tombe : la moitié de ce nombre sera le temps de la chûte. Or, nous avons vu que le quarré du temps est égal au nombre des perches : si ce temps est 10, la bombe se sera donc élevée à 100 perches.

CHAPITRE VI.

De la balance.

Soit la ligne A B, sur laquelle nous marquons de chaque côté plusieurs points à égale distance du centre. Si cette ligne se meut sur son centre, les points décriront des arcs, qui seront entr'eux comme les distances. Ces arcs sont les espaces parcourus en même-temps par tous les points.

Or, nous avons vu que les espaces parcourus, sont le produit du temps par la vîtesse. Le temps étant le même pour tous les points, les vîtesses sont donc entr'elles comme les espaces, &, par conséquent, comme les distances au centre.

Suspendons des corps à ces points. Vous savez que la force est le produit de la masse par la vîtesse, & vous venez de voir que les vîtes-

Fig. 9. Lorsqu'un fléau se meut sur son centre, les vîtesses de chaque point sont entr'elles comme les distances au centre.

La force des corps suspendus à ces points est

comme le produit de la maſſe par la diſtance.

ſes ſont ici comme les diſtances. La force, par laquelle chacun de ces corps tendra en bas, ſera donc comme le produit de ſa maſſe par ſa diſtance.

Fig. 10.
Cas où il y a équilibre.

Suppoſons deux corps égaux en maſſe à égale diſtance chacun, par exemple, au point marqué 10; ils agiront l'un ſur l'autre avec la même force. A fera ſur B le même effort pour le faire monter, que B fera ſur A. Par conſéquent, ils ne monteront, ils ne deſcendront ni l'un ni l'autre. C'eſt le cas de l'équilibre.

Si, réduiſant A à la moitié de ſa maſſe, nous le plaçons à une double diſtance au point 6, par exemple, tandis que B eſt au point 3, il regagnera en force par l'augmentation de la diſtance, ce qu'il a perdu par la diminution de ſa maſſe. L'équilibre aura donc encore lieu.

Les corps ainſi ſuſpendus ſe nomment des poids. Les poids ſont donc en équilibre, lorſqu'étant égaux, ils ſont à égale diſtance du centre; ou lorſqu'étant inégaux la maſſe du plus grand eſt à la maſſe du plus petit, comme la diſtance du plus petit eſt à la diſtance du plus grand. Il n'y aura équilibre entre B dont la maſſe eſt 6, & A dont la maſſe eſt 3,

que lorfque la diftance de B fera 3, & celle
de A fera 6.

De-là, il s'enfuit que dans le cas d'équilibre, le produit des poids par la diftance
eft le même de part & d'autre ; & que l'é-
quilibre eft détruit lorfque les produits font
différents. Le produit eft le même, foit
qu'on multiplie 3 de maffe par la diftance
6, ou 6 de maffe par la diftance 3, &
A & B font en équilibre. Mais fi on chan-
geoit la diftance de l'un des deux, les produits ne feroient plus les mêmes, & l'équi-
bre cefferoit.

Vous voyez donc que les forces font entr'elles comme les produits. Si A, poids
de 4 livres, eft à la quatrieme divifion, il
aura une force égale à celle de B poids de
16 livres, que je fufpends à la premiere ;
parce que 1 multiplié par 16 eft égal à 16,
comme 4 multiplié par 4 eft égal à 16. Si
nous rapprochons A à la feconde divifion, fa
force fera à celle de B comme 8 à 16, parce
que 1 multiplié par 4, eft égal à 8. Il n'y
aura donc plus d'équilibre.

Vous comprenez par là comment plufieurs
poids peuvent être en équilibre avec un feul.

Que A de 2 livres foit à 3 de diftance, B de
4 à 5, C de 3 à 6, nous avons;

2 multiplié par 3 égal à . . 6

4 multiplié par 5 égal à . . 20

3 multiplié par 6 égal à . . 18

_____

Produit 44

Tous ces corps feront en équilibre avec un
poids de 44 livres, placé à la premiere divifion.

La force d'un
poids eft en
raifon com-
pofée du
poids par la
diftance. Cette ligne ainfi divifée repréfente une balance. La force d'un poids, fufpendu à une balance, eft donc comme le produit du poids par
la diftance. C'eft ce qu'on exprime encore autrement en difant, que la force eft en raifon
compofée du poids par la diftance.

Une conféquence de toutes ces obfervations,
c'eft que deux corps en équilibre pefent l'un
& l'autre fur le même centre de gravité; &
que, par conféquent, ils ne peuvent defcendre
qu'autant que ce centre defcend.

Vous concevez par là pourquoi une boule

placée sur un plan horifontal, refte immobile, quoiqu'elle ne porte que fur un point. C'eft que le centre de gravité autour du quel toutes les parties font en équilibre, eft foutenu par ce plan.

parties d'une boule font en équilibre au tour du même centre.

S'il n'y avoit pas équilibre, la boule tourneroit jufqu'à ce que le centre de gravité fut auffi bas qu'il eft poffible.

De-là vous conclurez qu'un corps eft foutenu par le point qui foutient fon centre de gravité; & vous vous repréfenterez, comme réunie dans ce centre, toute la force avec laquelle il tend vers la terre.

Tout le poids d'un corps eft comme réuni dans fon centre de gravité.

La direction du centre de gravité eft verticale, c'eft-à-dire, qu'elle tombe perpendiculairement fur l'horifon, & qu'elle va fe terminer au centre de gravité de la terre.

Direction du centre de gravité.

Si vous placez un corps fur un plan incliné, vous concevez qu'il tombe, parce que l'obftacle que fait le plan, n'agit pas dans une direction contraire à la direction du centre de gravité. Il n'agit qu'obliquement, &, par conféquent, il ne peut que retarder la chûte.

Fig. 11. Chûte d'un corps le long d'un plan incliné.

Fig. 11.

Lorfqu'un corps eft pofé fur un plan incliné, ou la direction du centre de gravité paffe par fa bafe, ou elle paffe hors de fa bafe. Dans le premier cas il gliffera, dans le fecond il roulera.

Je vous ferai remarquer que le centre de gravité n'eft pas toujours le même que le centre de grandeur. Ces deux centres ne peuvent être réunis, que lorfqu'un corps eft régulier & homogene. Comme deux corps fufpendus à une balance ne fauroient avoir leurs centres de gravité à même diftance qu'autant qu'ils font égaux ; les parties d'un corps ne fauroient être en équilibre autour du centre de grandeur qu'autant que la maffe & la diftance font les mêmes entre les parties correfpondantes. Or, cela ne peut fe trouver que dans un corps régulier & homogene.

Dans toutes les propofitions de ce chapitre, l'identité s'apperçoit de l'une à l'autre. Elles font par conféquent démontrées par l'évidence de raifon.

Or, comme toutes ces propofitions n'en font qu'une feule exprimée différemment, le levier, la roue, la poulie & les autres machines dont nous allons parler, ne font qu'une balance différente.

féremment conftruite. Il fuffira donc de s'être
familiarifé avec les obfervations que nous avons
faites fur la balance, pour comprendre, à la
fimple lecture, les chapitres fuivants, où nous
traiterons du levier, de la roue, &c. mais
auffi moins on connoîtra la balance, plus
il fera difficile de raifonner fur les autres
machines.

CHAPITRE VII.

Du levier.

Les machines
font pour les
bras ce que les
méthodes
font pour l'ef-
prit.

NOUS avons vu qu'en faifant prendre différentes formes à une propofition, notre efprit
découvre des vérités qu'il n'auroit pas apperçues : c'eft ainfi qu'en conftruifant différemment la balance, notre bras foulevera des
corps qu'il n'auroit pu remuer : les machines
font pour les bras ce que les méthodes font pour
l'efprit.

Fig. 12.
Le levier
quant au
fond, eft la
même ma-
chine que la
balance.

Le levier repréfenté par la ligne AB, eft foutenu fur l'appui C, au lieu d'être fufpendu
comme le fléau de la balance.

Or, fi on fait un point d'appui du point de
fufpenfion, c'eft pour employer le fléau à de
nouveaux ufages. Ce changement ne fait donc
pas du levier une machine différente de la balance : c'eft la même quant au fond, & les

mêmes principes qui ont expliqué les effets de l'une, expliqueront les effets de l'autre.

Vous comprenez qu'avec une petite force vous éleverez un poids considérable, si la distance où vous êtes du point d'appui est à la distance où en est le poids, comme la force du poids est à la force que vous employez; ou si les produits de la force par la distance d'une part sont égaux aux produits de la force par la distance de l'autre. Avec une force capable de soutenir une livre, vous souleverez un poids de 100 livres qui sera à un pouce de distance, si vous agissez à une distance de 100 pouces.

Les principes sont les mêmes pour l'un & pour l'autre

Que la ligne AB soit mue sur son appui, les arcs décrits par les différents points, seront à raison de leurs distances. Donc les vitesses, & par conséquent les forces appliquées à ces points, seront également comme les distances.

Fig. 22.

Que le poids D, égal à 4, soit à 2 de distance; la puissance, égale à 2, sera en équilibre, parce qu'elle est à 4 de distance. La regle est toujours qu'il y a équilibre, lorsque les produits de la force par la distance sont les mêmes de part & d'autre; ou, ce qui est la

H 2

même chofe, lorfque D eft à P, comme la diftance de P eft à celle de D.

Donc la force de P pourra être d'autant plus
petite, que D fera plus près du point d'appui.

On ajoute plufieurs leviers bout à-bout, &
on produit le même effet avec une force moindre. Vous en voyez trois dans la figure 13,
& vous jugez que, fi la puiffance, pour être
en équilibre avec le poids 8, doit agir comme
4 fur le point A, il fuffira qu'elle agiffe comme
2 fur le point B, & comme 1 fur le point C.

Confidération fur les leviers recourbés.
Fig. 14. La regle eft pour les leviers recourbés la
même que pour les autres ; c'eft-à-dire qu'il y
a équilibre, lorfque la diftance de la puiffance
eft à la diftance du poids, comme le poids eft
à la puiffance. Mais il y a une confidération
à faire. Prenons pour exemple le levier ABC,
où B eft le point d'appui, & C la puiffance.

Vous vous tromperiez fi vous jugiez de la
diftance de la puiffance par la longueur de la
ligne BC ; car la puiffance, agiffant dans la
direction CD, n'a en C que la force qu'elle
auroit en D, où tombe la perpendiculaire tirée
de B à la direction DC. Cette perpendiculaire

BD eſt donc la diſtance de la puiſſance. En un mot, vous n'avez qu'à redreſſer ce levier, & imaginer que la puiſſance agit en D, comme elle agiroit avec un levier droit dont le ſecond bras ſeroit égal à BD.

Il y a trois ſortes de leviers. Les uns ont le point d'appui entre le poids & la puiſſance : tels ſont ceux dont nous venons de parler. Les autres ont la puiſſance entre le poids & le point d'appui ; & les derniers ont le poids entre la puiſſance & le point d'appui.

Il y a trois ſortes de leviers.

Dans un levier où la puiſſance eſt entre le poids & le point d'appui, ſi elle eſt à 1 de ce point, lorſqu'un poids d'une livre en eſt à 8 ; il faut qu'elle ſoit comme 8 , pour qu'il y ait équilibre; & ſi on la tranſporte à 2 de diſtance, il faudra qu'elle ſoit comme 4.

Fig. 15.

Dans un levier où le poids eſt entre la puiſſance & le point d'appui, ſi le poids, qui agit comme 4 , eſt à 2 de diſtance, la puiſſance qui agira comme 1 , ſera en équilibre à 8 de diſtance. Mais ſi on la tranſporte à 4 , il faudra qu'elle agiſſe comme 2. En un mot, la loi eſt toujours que la puiſſance eſt au poids, comme la diſtance du poids eſt à la diſtance de la puiſſance.

Fig. 16.

Fig. 17.

Si deux hommes portent un poids fufpendu au levier AB, l'un eſt par rapport à l'autre le point d'appui du levier; & la portion que B porte eſt à celle que A porte, comme AD à BD. Si AD eſt à BD comme 2 à 3, & que le poids ſoit de cinquante livres, B en portera 20, & A 30. On pourroit donc placer le poids de façon qu'un homme fort & un enfant en porteroient chacun une portion proportion-nelle à leurs forces.

CHAPITRE VIII.

De la roue.

LE levier n'éleve les poids qu'à une petite hauteur. Quand on veut les élever plus haut, on se sert d'une roue. La puissance agit à la circonférence : par conséquent les rayons vous représentent des leviers ou des bras de balance, & la longueur de ces rayons est la distance où la puissance est du point d'appui.

La roue est formée d'une multitude de leviers, qui tournent autour d'un point d'appui. Fig. 18.

Autour de l'aissieu, qui tourne avec la roue, s'entortille une corde à laquelle le poids est suspendu. Le demi-diametre de l'aissieu est donc la distance où le poids est du point d'appui. L'équilibre aura donc lieu, si le rayon est au demi-diametre, comme le poids est à la puissance. Une livre, par exemple qui sera à l'extrêmité d'un rayon de 10 pieds fera équilibre avec un poids de

La distance du poids est à la distance de la puissance, comme le demi-diametre de l'aissieu est au rayon de la roue.

10 livres , fi le demi-diametre de l'aiſſieu
eſt d'un pied.

Mais le poids
s'éloigne du
point d'appui
à meſure qu'il
s'éleve.

Vous remarquerez qu'à meſure que le poids
s'éleve , il faut une plus grande force pour le
ſoutenir parce que la corde, en s'entortillant,
augmente le diametre de l'aiſſieu , & que par
conſéquent le poids eſt à une plus grande diſtance du point d'appui.

CHAPITRE IX.

De la poulie.

Une poulie eſt une petite roue fixée dans une chappe, & mobile autour d'une cheville qui paſſe par ſon centre.

Si, aux deux bouts d'une corde qui paſſe par deſſus cette poulie, ſont ſuſpendus deux poids égaux, il y aura équilibre. Car il eſt évident que ces poids n'agiſſent que ſur l'extrémité du diametre. Vous pouvez donc n'avoir aucun égard ni à la partie ſupérieure ni à la partie inférieure de la poulie, & vous repréſenter ces poids comme ſuſpendus au bras d'une balance, à une égale diſtance du centre de gravité ou du point de ſuſpenſion. Vous devez par conféquent appliquer à cette poulie ce que nous avons dit de la balance.

Ayant arrêté un bout de la corde à un crochet, conduiſons l'autre par deſſous une poulie mobile, & faiſons-le paſſer par deſſus une

[marginal notes:] Le diametre d'une poulie eſt une balance.

Pl. II. Fig. 19.

Par le moyen d'une ſuite de poulies une

poulie fixe. Qu'enfuite un poids d'une livre
foit fufpendu au fecond bout de la corde, &
un poids de deux à la poulie mobile, vous
jugerez qu'il doit y avoir équilibre.

En effet cette poulie mobile eft un levier où
le poids eft entre deux puiffances; car vous ne
devez avoir égard qu'au diametre ; & les deux
cordes repréfentent les deux puiffances qui fou-
foutiennent chacune la moitié de P, parce que
ce poids eft à une égale diftance de l'une &
de l'autre.

Avec cinq poulies difpofées comme dans la
figure 21, un poids d'une livre en foutien-
dra un de 16 : car, a, qui eft une puiffance
égale à 8, foutient le poids 16 par le moyen
de la poulie inférieure A : b, égal à 4, foutient 8 par le moyen de la poulie B; c,
égal à 2, foutient 4 par le moyen de la poulie C; d, égal à 1, foutient 2 par le moyen
de la poulie D; & e, égal à 1, eft en équilibre
avec d.

Avec une poulie de plus, un poids d'une
livre en foutiendroit un de 32.

Vous comprenez donc comment la puiffance
peut être plus petite, à proportion que le nombre des poulies augmente.

CHAPITRE X.

Du plan incliné.

Il est certain qu'il faut une plus grande force pour élever un corps dans la direction de la perpendiculaire CB, que dans la direction du plan incliné AB.

Un poids fur un plan incliné est foutenu en partie par le plan.

Fig. 22.

Faifons mouvoir la ligne BA fur le point fixe A. Si nous l'élevons & la rapprochons de la perpendiculaire AD, le plan fera plus incliné, à mefure que nous l'éleverons, & il faudra une plus grande puiffance pour foutenir le poids. Si au contraire nous l'abaiffons & la rapprochons de la ligne horifontale CA, le plan fera moins incliné à mefure que nous l'abaifferons; & le même poids fera foutenu avec une moindre puiffance. Dans le premier cas, le plan incliné foutient donc une moindre partie du poids; & dans le fecond, il en foutient une plus grande. Ce font-là des faits dont on s'affure par l'expérience.

Un poids eſt ſoutenu , ſur un plan incliné , par la moindre puiſfance poſſible, lorſque la ligne de traction eſt parallele au plan.

Fig. 23.

Si la puiſſance P eſt en équilibre avec le poids D , lorſque la ligne de traction TD eſt parallele au plan, l'équilibre ceſſera, & le poids D entraînera la puiſſance P , auſſi-tôt que cette ligne ceſſera d'être parallele au plan. Il faut donc que la ligne de traction ſoit parallele au plan, ſi on veut ſoutenir un poids avec la moindre puiſſance poſſible. C'eſt encore là un fait que l'expérience conſtate.

La puiſſance doit être au poids , comme la hauteur du plan à la longueur.

Fig. 23.

Prenons un plan dont la longueur ſoit le double de la hauteur, & faiſons paſſer la ligne de traction par deſſus une poulie : P , poids d'une livre ſuſpendu à l'extrêmité de cette ligne, ſoutiendra, ſur le plan, D, poids de deux livres. L'équilibre demande donc qu'en ce cas la puiſfance ſoit au poids, comme la hauteur du plan eſt à la longueur.

Mais, puiſque le plan ſoutient une plus grande ou une moindre partie du poids, à proportion que vous lui donnez plus ou moins de hauteur, vous jugez que vous pouvez généraliſer cette regle. Vous direz donc : la puiſſance eſt toujours au poids , comme la hauteur du plan incliné à la longueur. En effet, cette regle eſt une conſéquence des faits que nous venons d'apporter. Elle n'eſt autre choſe que ces faits mêmes exprimés d'une maniere générale. Eſfayons cependant de la démontrer d'après les principes que nous avons établis.

La puiffance P agit fur le centre du poids D, c'eft-à-dire, fur l'extrêmité de la ligne FD : le poids tend à tomber dans la direction de la ligne DEC perpendiculaire à l'horifon ; & il tomberoit dans cette direction, s'il n'étoit foutenu en partie par le plan. Vous pouvez donc regarder DFE, comme un levier recourbé qui a fon point d'appui en F ; & vous voyez que la puiffance agit à l'extrêmité du plus long bras du levier, & que le poids pefe à l'extrêmité du bras le plus court, à l'extrêmité de la ligne FE, perpendiculaire à DC ; il pefe fur le point E, & il tomberoit perpendiculairement en C, s'il n'étoit pas foutenu.

Fig. 23.

DF exprime donc la diftance où la puiffance eft du point d'appui, & EF exprime la diftance où le poids eft de ce même point. Ces deux lignes expriment par conféquent les conditions néceffaires à l'équilibre, c'eft-à-dire, le rapport de la puiffance au poids.

Or, ces deux lignes font entre elles comme la hauteur du plan à la longueur : EF eft à DF comme BA eft à AC. C'eft ce qu'il faut démontrer.

Dire que EF eft à DF comme BA eft à AC,
c'eft dire que les trois côtés du triangle DEF
font dans les mêmes rapports entre eux, que les
trois côtés du triangle ABC. Car la longueur
de deux côtés d'un triangle étant donnée, la
longueur du troifieme eft déterminée.

Or, dire que les trois côtés du triangle EDF
font dans les mêmes rapports que les trois côtés du triangle ABC, c'eft dire que ces deux
triangles font femblables. Il nous refte donc à
prouver qu'ils font en effet femblables.

Ils font femblables l'un à l'autre, s'ils font
femblables à un troifieme.

Or, DEF eft femblable à DCF. Pour vous
en convaincre, il fuffit de remarquer qu'ils ont
chacun un angle droit; que l'angle CDF eft
commun à tous deux; & que, par conféquent,
le troifieme angle de l'un eft encore égal au
troifieme angle de l'autre.

Il vous fera auffi facile de comprendre que
le triangle ABC eft femblable au triangle
CDF. Car vous voyez qu'ils ont chacun un
angle droit. Vous voyez encore que la ligne
oblique AC tombe fur deux lignes paralleles,
AB & CD; & que, par conféquent, l'angle
DCA eft égal à l'angle CAB. Rappellez-vous

ce que nous avons dit, lorsque nous observions les angles qu'une ligne oblique fait sur deux lignes paralleles.

Lorsqu'un poids est en équilibre sur un plan incliné, il est donc prouvé que la distance au point d'appui est à la distance de la puissance au même point, comme la hauteur est à la longueur du plan; & que, par conséquent, la puissance est au poids comme la hauteur du plan à la longueur.

Un corps ne descend pas avec la même vî-tesse, lorsqu'il tombe le long d'un plan incli-né, que lorsqu'il tombe perpendiculairement à l'horison. Il ne peut descendre qu'avec une force égale à celle de la puissance qui le tien-droit en équilibre. Nous pouvons donc nous faire cette regle générale : la force avec la-quelle un corps descend le long d'un plan in-cliné, est au poids de ce corps, comme la hau-teur est à la longueur du plan. Il s'agit de sa-voir actuellement le chemin qu'il doit faire sur la ligne AB, dans le même temps qu'il arrive de A en C.

Vitesse avec laquelle un corps descend d'un plan incliné.

Soit le plan ABC dont la longueur est le double de la hauteur, & divisons AC & AB en quatre parties. Je suppose que AE, EF, FG, GC sont les quatre espaces qu'un corps doit parcourir en deux secondes.

Fig. 24.

Un corps a la moitié moins de force, lorſ‑
qu'il tombe de **A** en **B**, que lorſqu'il tombe
de **A** en **C**. Il doit donc avoir la moitié moins
de vîteſſe, & par conſéquent n'arriver en B
qu'en quatre ſecondes.

Son mouve-
ment s'accélé-
re dans la pro-
portion 1, 3,
5, 7.
Or, la peſanteur agit de la même maniere
ſur les corps, dans quelque direction qu'ils ſe
meuvent ; c'eſt-à dire que , dans des temps
égaux, l'accélération du mouvement ſuit la
proportion 1 , 3 , 5 , 7 , &c. Ainſi donc qu'un
corps qui tombe de **A** en **C** parcourt, dans la
premiere ſeconde, l'eſpace AE, & dans la ſui‑
vante, les eſpaces EF, FG, GC; de même un
corps qui tombe de **A** en **B** doit, dans les deux
premieres ſecondes, parcourir l'eſpace AH, &
dans les deux ſuivantes, les eſpaces HI, IK,
KB. Un corps mu ſur ce plan incliné n'arrive
donc qu'en **H**, dans le même temps qu'il
tombe perpendiculairement de A en C ; c'eſt‑
à-dire qu'en deux ſecondes il n'eſt pas plus bas
ſur la ligne **AB**, qu'en une dans la ligne AC.
Car E & H ſont à égale diſtance de la ligne
horiſontale CB.

Comment on
connoît l'eſ-
pace qu'il doit
parcourir ſur
un plan incli-
né dans le mê-
me temps
Si de C vous tirez une perpendiculaire ſur
AB , vous verrez qu'elle tombera préciſément
ſur H. Donc, pour connoître l'eſpace qu'un
corps doit parcourir ſur un plan dans le même
temps qu'il deſcendroit de A en C, nous n'a‑
vons

vons qu'à tirer une perpendiculaire de C sur ce plan AB.

Dès que la pesanteur agit toujours de la même maniere, il s'ensuit que, quelque soit l'inclinaison du plan, le corps aura la même vîtesse, lorsqu'il sera arrivé en bas, qu'il auroit eue s'il étoit tombé le long de la perpendiculaire. Si le plan est plus incliné, & par conséquent plus court, l'accélération se fera plus vîte, & la vîtesse sera acquise plutôt : si le plan est moins incliné ou plus long, l'accélération sera plus lente, & la même vîtesse sera acquise plus tard. Quelque soit donc la ligne que plusieurs corps décrivent, arrivés en bas, ils ont la même force, toutes les fois qu'ils sont tombés de la même hauteur.

CHAPITRE XI.

Du pendule.

Un corps qui tombe le long des cordes d'un cercle, les parcourt dans le même temps, qu'il parcouproit tout le diametre.

Fig. 25. Planche III.

Tirons plusieurs plans inclinés depuis le point A sur la ligne horifontale BC, & tirons des perpendiculaires de C sur ces plans. Prenons ensuite un centre à une égale distance de A & de C, & traçons un cercle par les points angulaires D, E, F.

Les lignes AD, AE, AF, font des cordes du cercle; & nous pouvons, dans l'autre demi-cercle, tirer des lignes qui, étant paralleles à ces premieres, leur seront égales & également inclinées. Or, il est évident que toutes ces lignes font la même chofe que les plans dont nous venons de traiter. Un corps defcendra donc le long de chacune dans le même temps qu'il tomberoit du haut du diametre au bas de A en C.

Que dans un cercle placé verticalement en

tire donc autant de cordes qu'on voudra, un corps employera toujours le même temps à parcourir chaque corde, & ce temps sera le même que celui qu'il auroit mis à parcourir le diametre. Vous remarquerez en effet que les cordes sont plus longues ou plus courtes, à proportion qu'elles sont plus ou moins inclinées.

La pesanteur agit toujours perpendiculairement, &, quelque soit l'inclinaison du plan, le corps a la même force, lorsqu'il arrive sur la ligne horisontale BC, que s'il étoit tombé perpendiculairement de A en C.

Un pendule fait ses vibrations dans le même temps qu'il parcourroit quatre diametres du cercle dont il est le rayon. Fig. 15.

Soit donc un corps suspendu au centre M par un fil dont la longueur est le demi-diametre du cercle. Ce corps descendant de *h* ne peut pas tomber plus bas que C : mais la force, qu'il a acquise en parcourant cet espace, peut lui en faire parcourir un semblable : il remontera donc en E. Arrivé à ce point il a perdu toute sa force. Il retombe donc par sa pesanteur, & il acquiert assez de force pour remonter en *h*, d'où il retombe encore; ainsi de suite.

Un corps ainsi suspendu est ce qu'on nomme *pendule*. Il peut être attaché à un cordon ou à un fil de fer.

I 2

Le mouvement du pendule de *h* en C & de
C en E, eft ce qu'on nomme *vibration* ou *ofcillation*.

Il tombe, par un mouvement accéléré de *h*
en C, dans le même temps qu'il feroit tombé
de A; & dans un temps égal il remonte en E
par un mouvement retardé.

Or, fi dans ces deux temps il étoit tombé
perpendiculairement du point A, il auroit parcouru quatre diametres du cercle.

Un corps fufpendu au centre M, emploie
donc à une vibration le même temps qu'il em-
ploieroit à parcourir perpendiculairement quatre diametres; ou, ce qui revient au même, à
parcourir huit fois la hauteur du pendule.

Telle eft la proportion entre le mouvement
de vibration & le mouvement perpendiculaire,
lorfque le pendule eft fuppofé defcendre &
monter par les cordes.

Or, parce que les arcs du cercle différent
d'autant moins des cordes, qu'ils font plus
petits, on fuppofe que la proportion eft la
même, lorfque le pendule fait fa vibration
par le petit arc L C K : il eft vrai que cette

suppofition n'eft pas exacte, puifque les géo-
metres démontrent que le temps de la defcente d'un corps grave par un arc infiniment
petit, eft au temps de la defcente par la corde
du même arc, comme la circonférence du cercle à quatre fois fon diametre, ou à-peu près
comme 355 à 452. Cependant les vibrations
par de très petits arcs de cercle font d'égale durée, puifque leurs durées font entr'elles comme
les durées égales de la defcente par les cordes
de ces arcs.

Il faut vous faire remarquer que dans tout
ce que nous difons fur le mouvement, nous
n'avons point égard ni au frottement ni à la
réfiftance de l'air. Mais ce frottement eft d'autant moins fenfible, que le pendule eft plus
long, & qu'il décrit un plus petit arc de
cercle.

Conditions néceffaires aux vibrations ifochrones.

S'il n'y avoit ni frottement ni réfiftance, le
pendule, une fois en mouvement, continueroit éternellement fes vibrations dans des
temps égaux.

Lorfqu'il eft court & que les arcs de cercle
font grands, le frottement & la réfiftance de
l'air font plus fenfibles, & les vibrations fe
font en des temps inégaux. Lorfqu'au contraire, il eft plus long, & les arcs plus petits,

les vibrations peuvent, fans erreur fenfible, être regardées comme faites en temps égaux, jufqu'à ce que le pendule foit en repos. De pareilles vibrations fe nomment *ifochrones*.

Proportion entre la longueur du pendule & la durée des vibrations.
Fig. 26.

Le temps des vibrations eft plus court à proportion que les pendules font plus courts. Voici quelle doit être cette proportion : A E B G & D f B i font deux cercles dont les diametres A B & D B font l'un à l'autre comme 4 à 1.

Nous avons démontré que, fi un corps tombe de A en B dans un temps déterminé, il ne tombera, dans la moitié de ce temps, que de D en B.

Nous avons auffi démontré qu'un corps tombe le long de la corde d'un cercle, dans le même temps qu'il tombe le long du diametre.

Donc un corps en E tombera le long de la corde E B, dans le double du temps qu'un corps en f tombera le long de la corde f B. Or, on démontre que les arcs E B & f B, étant fuppofés femblables ou très petits, les temps des chûtes par ces arcs, ou les temps des demi-vibrations font entr'eux comme les temps des chûtes par les cordes. Donc le temps de la vi-

bration du pendule CB fera double du temps
de la vibration du pendule e B.

Quand vous voudrez donc avoir les vibrations deux fois plus lentes, il faudra que le
pendule foit quatre fois plus long ; & au contraire, il faudra qu'il foit quatre fois plus court,
quand vous voudrez, que les vibrations foient
deux fois plus rapides.

Mais pour mefurer un pendule, il faut pouvoir déterminer le centre d'ofcillation ; car la
longueur du pendule eft comme la diftance du
centre d'ofcillation au centre de fufpenfion.
Or, cette matiere eft une des plus difficiles.
Il s'en faut bien que ce que nous-avons étudié
jufqu'à préfent, fuffife pour nous apprendre à
trouver le point précis qui eft le centre d'ofcillation. Bornons-nous donc à nous faire une idée
de ce problème.

Pour déter-
miner la lon-
gueur d'un
pendule , il
faut connoî-
tre le centre
d'ofcillation.

Repréfentez-vous le pendule CP , comme
un levier qui a fon point d'appui dans le centre
de fufpenfion C ; & n'ayant aucun égard à la
pefanteur du levier, fuppofez tout le poids dans
un corps fufpendu au point P.

Fig. 250

Dans cette fuppofition, ce corps tombera
de P en B avec une vîteffe, qui fera en raifon
de la maffe multipliée par la diftance du centre

I 4

de gravité, au centre de fufpenfion C ; & le centre d'ofcillation fera le même que le centre de gravité. _

Si vous faites les mêmes fuppofitions fur le pendule *cp*, qui n'eft que le quart de CP, le centre d'ofcillation , fera encore pour lui le même que le centre de gravité du corps fufpendu.

Or, ces deux pendules faifant leurs vibrations par des arcs qui font entr'eux comme les circonférences dont ils font partie, *p* arrivera en *f*, lorfque P ne fera encore qu'en B ; & il fera retourné au point d'où il étoit parti, lorfque P arrivera en F. *p* fait donc deux vibrations, pendant que P n'en fait qu'une ; & s'il met, par exemple , une demi-feconde à chacune de fes vibrations , P employera à chacune de s fiennes une feconde entiere.

Fig. 28.

Vous pouvez encore confidérer le levier fufpendu AC, fans avoir égard à fa pefanteur, & le divifant en quatre parties égales, placer à la feconde divifion, B de deux livres, & à l'extrémité , C de deux livres également.

Les vîteffes de B & de C font comme leurs maffes multipliées par la diftance où ils font de A, & les produits font 12. Or, le produit

de la masse par la distance d'un corps de quatre
livres, placé en D à la troisieme division, seroit égalément 12. Les vibrations de ce pendule se feront donc avec une vîtesse moyenne à
celles de B & de C, comme si tout le poids se
réunissoit en D.

Vous voyez par ces suppositions, que moins
le fil aura de poids par rapport au poids du
pendule, moins la pesanteur du levier causera
d'erreur sensible. C'est ce qui arrive, lorsqu'on
suspend un corps considérable à un fil d'acier
fort subtil; & on a observé qu'un pendule,
dont la longueur est de 39 pouces & deux di-
xiemes, mesure d'Angleterre, depuis le centre
de la balle jusqu'au point de suspension, acheve
chaque vibration dans une seconde, ou en fait
3600 dans une heure. Cette expérience a été
faite avec un pendule qui pesoit 50 livres, &
auquel on avoit donné une forme lenticulaire,
afin qu'il trouvât moins de résistance dans l'air :
les vibrations continuérent pendant tout un
jour.

L'expérience montre encore à-peu-près le
centre d'oscillation d'une barre homogene & de
même épaisseur dans toutes ses parties ; car les
vibrations en sont isochrones avec celles d'un
pendule, dont la longueur seroit les deux tiers
de celles de la barre.

Fig. 29.

Objet du livre suivant.

Je n'entrerai pas dans un plus grand détail sur les méchaniques. Les principes que je viens d'exposer suffisent pour vous faire comprendre comment l'évidence de fait & l'évidence de raison concourent à la découverte de la vérité; &, comme ces principes vous mettent en état de vous faire une idée du système du monde, je vais vous donner une idée de ce système pour un nouvel exemple des raisonnements qui portent tout-à-la-fois sur l'évidence de fait & sur l'évidence de raison. Vous verrez, Monseigneur, que ce monde n'est qu'une machine semblable à celles que nous venons d'étudier; c'est une balance. Cette vérité va vous être démontrée par une suite de propositions identiques avec les propositions de ce second livre.

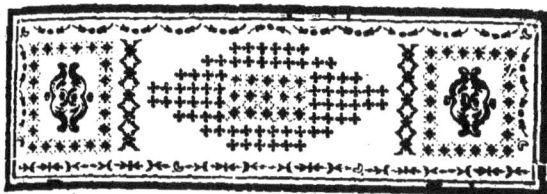

LIVRE TROISIEME.

Comment l'évidence de fait & l'évidence de raison démontrent le fyftême de Newton.

CHAPITRE PREMIER.

Du mouvement de projection.

Un boulet de canon pouffé horifontalement continueroit à se mouvoir avec la même vîteffe & dans la même direction, si aucune cause n'y faisoit obstacle. Mais, tandis que la réfistance de l'air diminue sa vîteffe, la force qui le fait tendre en bas, & qu'on nomme pesanteur, change sa direction.

Effet de la réfistance de l'air & de la pesanteur fur un projectile pouffé horifontalement.

Si, suppofant qu'il ne pefe pas, nous n'avons égard qu'à la réfiftance de l'air, nous jugerons qu'il fuivra fa premiere direction, en perdant à chaque inftant de fa vîteffe. Car il ne s'ouvrira une route, qu'autant qu'il écartera les parties du fluide, qui lui réfiftent; il ne les écartera qu'autant qu'il leur communiquera de mouvement, & autant il leur communiquera de mouvement autant il en perdra. Il avancera donc toujours plus lentement, & enfin il reftera immobile en l'air.

Mais il tombe, parce qu'il pefe; il tombe à chaque inftant, parce qu'il ne ceffe pas de pefer. Il s'écarte donc à chaque inftant de la direction horifontale, & il décrit une courbe.

C'eft qu'il obéit en même temps à deux forces, dont les directions font un angle. Or, comment obéit-il à ces deux forces? quelle eft la loi qu'il fuit?

Pour vous repréfenter la chofe d'une maniere fenfible, fuppofé que TS eft le plan d'un bateau, qui fe meut dans la direction TS, fur le canal H h g G.

Fig. 30. Ce projectile parcourt la diagonale d'un parallelogramme dans le même temps qu'il auroit parcouru un de deux côtés.

Suppofé encore que dD font deux objets fixes, deux arbres, par exemple, placés fur le rivage; que Cc font deux perfonnes fur le ri-

vage oppofé ; & que A B font deux enfants qui
jouent au volant dans ce bateau.

Or, fi dans le temps que le volant va de A
en B , A fe trouve, par le mouvement du bateau , tranfporté en *a*, & B en *b*, B recevra le
volant en *b*.

Le volant, obéiffant à deux forces, dont les
directions font l'angle B A *a*, a donc parcouru
la ligne A b, diagonale du parallélogramme A
B b a; & il l'a parcourue dans le même temps
qu'il auroit été porté de A en *a*, s'il n'avoit
eu d'autre mouvement que celui du bateau ;
ou dans le même temps qu'il auroit été pouffé
de A en B, s'il n'avoit eu que le mouvement communiqué par la raquette dans un bateau en repos.

Cependant le volant paroît aux enfants fe
mouvoir dans la direction A B ; parce que dans
le même temps qu'il arrive en *b*, les enfants
fe trouvent dans la ligne *a b*, fans avoir remarqué le mouvement qui les t transportés,
& que, par conféquent, ils prennent *a b* pour
A B. Mais les perfonnes qui font fur le rivage
placées en C *c*, & qui fixent les yeux fur les
objets d D , ne peuvent pas confondre ces
deux lignes, & voient le volant aller de A
en *b*.

Si, conservant la même vîtesse au volant, vous augmentez ou diminuez celle du bateau, vous concevez que la diagonale sera toujours parcourue dans le même temps ; mais qu'elle sera plus longue ou plus courte. Si le bateau va plus vîte, elle sera plus longue, & elle aboutira, par exemple, au point *n* ; s'il va plus lentement, elle sera plus courte, & se terminera, par exemple, au point *m*.

Nous pouvons donc nous faire cette regle générale : *un corps mu par deux forces dont les directions font un angle, parcourt la diagonale d'un parallélogramme, dans le même temps qu'avec une seule des deux forces il auroit parcouru un des deux côtés.*

On objectoit à Galilée que si la terre tournoit sur son axe de l'Ouest à l'Est, un projectile poussé perpendiculairement à l'horison, ne tomberoit pas au point d'où il se seroit élevé ; mais qu'il tomberoit plus ou moins vers l'Ouest, à proportion que ce point se seroit plus ou moins avancé vers l'Est, pendant le temps que le projectile auroit employé à s'élever, & à descendre. C'est précisément comme si on eût dit qu'un volant poussé de A vers B, resteroit en arriere, & tomberoit hors du bateau ; si, pendant qu'il fe meut, le bateau étoit mu lui-même dans la direction A a.

Mais comme le volant obéit à deux directions, parce qu'il est mu tout-à-la fois & par la force que le bateau lui communique, & par la force que la raquette lui donne ; de même le projectile suppofé a deux directions ; l'une perpendiculaire qu'on lui donne , & l'autre horifontale que le mouvement de la terre lui communique. Il doit donc s'élever le long d'une diagonale qui le porte vers l'Eft ; & du dernier point de fon élévation il doit defcendre le long d'une autre diagonale , qui le porte encore vers l'Eft.

C'eft ce que Galilée répondoit , & il donnoit pour preuve que dans un vaiffeau à la voile, comme dans un vaiffeau à l'ancre, une pierre tombe également du haut du mât au pied ; jugeant avec raifon que fi elle defcend perpendiculairement , lorfque le vaiffeau eft immobile, elle defcend obliquement à l'horifon, lorfque le vaiffeau fe meut ; & qu'elle parcourt la diagonale d'un parallélogramme , dont un des côtés eft égal à l'efpace que le vaiffeau a parcouru ; & l'autre eft égal à la hauteur du mât.

L'expérience démontre donc qu'un corps mu par deux forces dont les directions font un angle, parcourt la diagonale d'un parallélogramme, dans le même temps qu'il en auroit parcouru un des deux côtés. Voyons à préfent comment en parcourant une fuite de diagonales, il décrira une courbe.

Fig. 11.
En parcou-
rant une fuite
de diagona-
les, il décrit
une courbe.

Un boulet de canon, mu dans la direction horifontale A B, continueroit, comme nous l'avons dit , à fe mouvoir dans cette direction , fi la pefanteur ne l'en écartoit pas à chaque inftant ; & s'il étoit pouffé avec une force capable de lui faire parcourir 4 perches par feconde , il parcourroit en cinq fecondes 20 perches fur la ligne A B.

De même fi , tombant de A , ce boulet n'étoit pouffé que par la force qu'il reçoit de fa pefanteur, il continueroit à fe mouvoir dans la direction A E, perpendiculaire à l'horifon ; & puifque dans la premiere feconde il parcourroit une perche, en defcendant de A en C , en 5 fecondes il feroit defcendu en E, & auroit parcouru 25 perches, les efpaces étant comme le quarré des temps.

Mais puifqu'il eft pouffé tout-à-la fois par deux forces, dont l'une eft capable de le porter

ter en B, dans le même temps que l'autre eſt capable de le porter en E, c'eſt-à-dire, chacune en 5 ſecondes ; il obéira à ces deux forces, & au lieu d'arriver en B ou en E, il tombera en 5 ſecondes en G.

Si la diagonale A G du parallélogramme A B G E repréſentoit la direction de la chûte, le boulet paroîtroit parcourir une ligne droite ; mais puiſque les deux forces agiſſent à chaque inſtant, qu'à chaque inſtant chacune détourne le boulet de la direction, que l'autre tend à lui donner ; il eſt évident que nous n'approcherons de la courbe qu'il décrit, qu'à proportion que nous l'obſerverons dans de plus courts intervalles.

Par conſéquent, ſi nous conſidérons qu'en A le boulet, pouſſé vers C & vers D, ſe meut dans la diagonale A b ; & qu'en b, pouſſé vers e & vers f, il ſe meut dans la diagonale b h, & ainſi de ſuite juſqu'en G, nous le verrons ſe mouvoir dans les diagonales 1, 3, 5, 7, 9, dont la ſuite commence à former une courbe, & nous concevons que ſi nous obſervions le mouvement du boulet dans des intervalles plus courts, chacune de ces diagonales ſe recourberoit encore.

Si ce boulet étoit mu dans une direction

Fig. 5.

oblique à l'horifon, telle que A I , la force de projection tendroit à lui faire parcourir en temps égaux les efpaces A B, B C, &c. mais parce que la force communiquée par la pefanteur, le fait defcendre à chaque inftant, il ira de A en *b*, au lieu d'aller de A en B. Il parcourra donc la diagonale du parallélogramme A B *b* a , dont le côté A B repréfente la force de projection, & le côté B *b* égal à A a , repréfente la force de pefanteur.

De même au lieu d'aller de *b* en M, & de n'obéir qu'à la force de projection , il arrivera en N , parce qu'il obéira encore à la force de pefanteur ; & il parcourra la diagonale du parallélogramme *b* M N L.

C'eft ainfi que de diagonale en diagonale il ne s'élevera en quatre inftants qu'à la hauteur du point O ; au lieu que s'il n'avoit eu qu'un mouvement de projection, il fe feroit élevé jufqu'en E.

Or, de O en E il y a feize efpaces , & c'eft précifément ce dont il doit defcendre en quatre temps , puifque 16 eft le quarré de 4.

Mais comme il s'eft élevé de A en O par un mouvement retardé, il defcendra de O en

V par un mouvement accéléré. Au lieu d'aller de Q en R, il ira de Q en S. C'eft ainfi qu'obéiffant aux deux forces combinées, il défcendra comme il eft monté, c'eft-à-dire, de diagonale en diagonale, jufqu'au point le plus bas V. Il décrira donc la courbe A O V, dans le même temps qu'il fe feroit élevé en I, s'il n'avoit eu qu'un mouvement de projection.

La courbe que décrit un corps jeté horifontalement ou obliquement, fe nomme *parabole*. Vous pouvez donc vous repréfenter une parabole par la fuite des diagonales que parcourt un mobile, lorfqu'il obéit en même temps à la force de projection & à la force de pefanteur.

Vous pouvez remarquer que tout ce que nous avons dit, dans ce chapitre eft identique avec l'une ou l'autre de ces deux propofitions, que l'obfervation démontre : la premiere *que les efpaces parcourus, par un corps qui tombe, font comme les quarrés des temps*: la feconde, *qu'un corps mu par deux forces, dont les directions font un angle, parcourt la diagonale d'un parallélogramme, dans le même temps qu'avec une feule des deux forces il auroit parcouru un des deux côtés.* En effet nous

K 2

ne faifons qu'exprimer différemment ces deux
propofitions, lorfque nous en concluons qu'un
corps pouffé obliquement ou horifontalement
décrit une parabole , & il importe de vous
les rendre familieres , afin de pouvoir faifir
plus facilement leur identité avec d'autres vérités, qui feront des découvertes pour vous.

CHAPITRE II.

Du changement qui arrive au mouve-
ment, lorfqu'une nouvelle force eſt
ajoutée à une premiere.

Dᴇᴜx forces agiſſent dans une même direction, dans des directions contraires, ou dans
des directions obliques. Il faut examiner ces
trois cas.

Les forces agiſſent avec des directions qui conſpirent ou qui ſe contrarient.

Soit le corps A porté de A en L, avec une
force capable de lui faire parcourir l'eſpace
A B en une feconde ; il parcourra de feconde
en feconde B C, C D, &c. parce que tous
ces eſpaces font égaux au premier.

Fig. 33. Effet des forces lorſqu'elles agiſſent dans la même direction.

Si lors qu'il eſt en B, une nouvelle force,
femblable à la premiere, agit fur lui dans la
même direction, il aura une force double :
il ira donc de B en D, de D en F, dans le
même temps qu'il alloit de A en B ; c'eſt-à-
dire, qu'il décrira un eſpace double. Il auroit

K ɜ

donc eu une vîtesse triple, & auroit parcouru trois espaces en une seconde, si la seconde force ajoutée eût été double de la premiere.

Effet des for-
ces dont les
directions
sont contrai-
res.
Si, pendant que le corps, par la premiere force parcourt uniformément A B, B C, &c. une force égale agit sur lui dans la direction contraire L A, il restera immobile : car ces deux forces étant égales & contraires , l'action de l'une doit détruire l'action de l'autre. Mais si cette derniere force n'agit, que lorsqu'il a une force triple pour parcourir trois espaces en une seconde, elle détruira un tiers de la vîtesse. Le corps sera donc mu comme s'il n'avoit qu'une force double dans la direction A L, & il ne parcourra que deux espaces en une seconde. Enfin si, pendant qu'il avance de trois espaces par seconde, il reçoit tout à la fois deux forces égales à la premiere ; l'une dans la direction A L, & l'autre dans la direction L A, il continuera d'aller avec la même vîtesse : car l'effet des deux nouvelles forces doit être nul, puisqu'elles se détruisent mutuellement. Tels sont les effets des forces qui conspirent directement & des forces directement contraires. Voyons maintenant ce qui doit arriver dans les autres cas.

Je suppose qu'un corps se meuve uniformément de A en B, & de B en C en une se-

conde, & qu'une nouvelle force, égale à la
premiere, agiſſe ſur le corps en B dans la direction de la ligne B b perpendiculaire à A L.
Dans ce cas cette force agit à angle droit avec Fig. 33.
la premiere. Le corps changera de direction ;
& ce que nous avons dit plus haut, vous
apprend qu'il décrira la diagonale B d. Par
la même raiſon, ſi la nouvelle force avoit été
double, le corps auroit décrit la diagonale
B e ; & ſi elle n'avoit été que la moitié de
la premiere, il n'auroit décrit que la diagonale B f.

Vous voyez par là que, quelle que ſoit la
nouvelle force qui agit à angle droit, la vîteſſe du corps eſt toujours augmentée, puiſqu'il
parcourt la diagonale d'un parallélogramme rectangle dans le même temps que, par la ſeule
action de l'une des deux forces, il n'auroit
parcouru que l'un des côtés de ce parallélogramme. Vous voyez, en un mot, que dans le
cas que nous ſuppoſons, ces deux propoſitions ſont identiques : *la vîteſſe du mobile eſt*
augmentée, le mobile parcourt la diagonale
d'un parallélogramme rectangle. Vous appercevez encore l'identité des propoſitions ſuivantes avec ce que nous avons déja dit ; & vous
n'aurez pas beſoin que je vous la faſſe remarquer.

K 4

Elle augmente encore lorf- que les forces agiffent à an- gle aigu.

Si la nouvelle force agit à angle aigu, vous concevez que fa direction approche d'autant plus de celle de la premiere, que l'angle fera plus aigu. De là nous tirons deux conféquen- ces, l'une qu'elle augmentera la vîteffe, l'au- tre qu'elle ne l'augmentera jamais, autant que fi elle avoit agi fans angle, c'eft-à-dire, dans la même direction.

Si, par exemple, la nouvelle force, étant égale à la premiere, a fa direction dans la li- gne C c; DCc fera l'angle aigu formé par les deux directions. Or, plus cet angle eft aigu, plus l'angle gcC eft obtus & plus auffi la dia- gonale C g eft grande. Mais cette diagonale eft l'efpace parcouru, & elle exprime la vî- teffe du corps.

Si la feconde force fait avec la premiere un angle ob- tus, la vîteffe fera la même, on fera plus petite.

La vîteffe eft donc augmentée toutes les fois que la nouvelle force agit à angle droit ou à angle aigu : mais fi la nouvelle force agit à angle obtus, la vîteffe pourra refter la même, ou être plus petite.

Suppofons que cette force, égale à la pre- miere, lorfque le corps eft en K, agiffe dans la direction K n z ; alors la diagonale K n du parallélogramme K L n m fera égale à K n; car le parallélogramme eft divifé en deux triangles

dont les côtés font égaux. La vîteſſe du corps
fera donc la même qu'auparavant.

Si la nouvelle force étoit la moitié de la
premiere, la vîteſſe du corps feroit diminuée;
car alors K p repréſenteroit la nouvelle force,
& K o, plus court que K n, feroit la diagonale parcourue.

Si la nouvelle force eſt le double, & qu'a-
giſſant toujours dans le même angle obtus,
elle ſoit repréſentée par K r, la vîteſſe repréſentée par K s, fera augmentée.

Si cette force agit dans un angle plus obtus,
& par conféquent dans une direction plus op-
poſée, telle que K t, le corps parcourra la diagonale K m égale à K L; & par conféquent
la vîteſſe ne fera point augmentée, quoique
la nouvelle force ſoit plus grande que la premiere.

Vous comprenez donc que, ſi elle avoit été
égale, la vîteſſe auroit diminué, & que cette
diminution auroit été d'autant plus grande,
que l'angle auroit été plus obtus.

Toutes les propofitions que nous venons de
faire, ne font que différentes manieres d'exprimer, ſuivant la différence des cas; cette

Les propoſi-
tions de ce
chapitre font

Identiques avec celles du chapitre précédent.

proposition : *un mobile parcourt une diagonale, lorsqu'il est mu par deux forces, dont les directions font un angle.* Mais ces propositions nous seront nécessaires pour arriver à d'autres propositions identiques, c'est-à-dire, à d'autres vérités.

La loi que suit la pesanteur, & celle que suit un corps mu par deux forces qui font un angle, feront identiques avec plusieurs phénomenels que nous expliquerons.

Nous avons vu que la pesanteur est une force capable de faire parcourir une perche dans une premiere seconde : c'est ainsi qu'elle agit près de la surface de la terre. Il nous reste à savoir avec quelle force elle agit à toute autre distance ; & lorsque nous nous en serons assurés par l'observation, nous commencerons à comprendre le systême du monde. Il suffira, pour expliquer les phénomenes, de considérer la loi que suit la pesanteur à toute distance, & la loi à la quelle obéit un corps mu par deux forces, dont les directions font un angle : vous reconnoîtrez que les vérités que nous découvrirons, ne seront que ces deux loix, énoncées différemment, suivant la différence des cas.

CHAPITRE III.

Comment les forces centrales agissent.

Lorsque vous tournez une fronde, la pierre fait effort d'un côté pour s'échapper par une tangente, & de l'autre elle est retenue par la corde. La force par laquelle elle tend à s'écarter du centre de son mouvement, se nomme *centrifuge* ; celle par laquelle elle est retenue dans son orbite, se nomme *centripete* ; & on comprend l'une & l'autre sous le nom de *forces centrales*.

Ce qu'on entend par force centrifuge, centripete & centrale.

Plus le mouvement de la fronde est rapide, plus la pierre fait effort pour s'échapper, & plus aussi la corde en fait pour la retenir. En effet, vous sentez que la corde se roidit à proportion que la pierre se meut avec plus de vitesse ; & vous pouvez déja entrevoir que la pierre ne décrit un cercle que parce que la force, qui la tire vers le centre, est égale à la force qui l'en éloigne.

Rapport des forces centrifuges & centripetes dans un corps mû circulairement.

C'eſt à-peu près ainſi que les planetes ſont tranſportées autour du ſoleil. Quand au théâtre vous voyez des changements de décorations, vous imaginez bien que les machines ne ſont miſes en mouvement que par des cordes, auxquelles elles ſont ſuſpendues, & que vous ne voyez pas. Or, Monſeigneur, l'attraction n'eſt qu'une corde inviſible, & la tenſion de cette corde eſt plus ou moins grande, à proportion que la planete tend plus ou moins à s'écarter.

Fig. 34.
Exemple. Un boulet de canon, tiré du haut d'une montagne, ira en avant dans une courbe, à proportion de la force de la poudre, en B, en C, en D : il reviendroit même au point A, ſi, ne trouvant point de réſiſtance dans l'air, la poudre pouvoit lui communiquer une force de projection, égale à la force qui l'attire vers le centre de la terre ; & il continueroit à ſe mouvoir de la ſorte, parce que la force centrifuge ſeroit toujours égale à la force centripete.

Cette vérité ſera évidente pour vous, ſi vous appercevez qu'elle eſt identique avec d'autres vérités, que nous avons démontrées.

Fig. 34. Tirez du centre de la terre le rayon A E,

& perpendiculairement à ce rayon tirez la ligne A F ; vous voyez que ces deux lignes font un angle droit, que A F repréfente la direction de la force de projection du boulet, & que A E repréfente la direction de la pefanteur qui le pouffe ou l'attire vers le centre de la terre.

Or, dire que ces deux forces, que nous fuppofons égales, agiffent à angle droit, ce n'eft pas dire qu'elles rapprochent le boulet du centre de la terre, ou qu'elles l'en éloignent ; c'eft dire feulement qu'il fe meut avec une viteffe double : & dire qu'il fe meut avec une viteffe double fans s'éloigner, & fans fe rapprocher, c'eft dire qu'il décrit un cercle. En effet, divifez ce cercle en petites parties égales, & tirez des rayons qui aboutiffent à l'extrémité de chacune ; vous verrez que, dire à chaque divifion que ces deux forces font parcourir au boulet des diagonales égales, c'eft dire qu'elles le tiennent toujours à égale diftance du centre, ou qu'elles lui font décrire un cercle.

La gravité, c'eft ainfi qu'on nomme encore la force centripete, agit en raifon directe de la quantité de matiere ; c'eft-à-dire, que deux corps s'attirent à proportion de leur maffe. En effet, l'attraction n'eft dans la maffe, que

La gravité ou l'attraction agit en raifon directe de la quantité de matiere.

parce qu'elle eſt dans chaque particule : elle ſera donc double, triple, &c. lorſque la quantité de matiere ſera double, triple, &c. les diſtances étant d'ailleurs ſuppoſées égales.

Et en raiſon inverſe du quarré des diſtances.

Je dis *les diſtances étant égales* ; car l'attraction diminue encore ſuivant la diſtance. A deux de diſtance, un corps ſera quatre fois moins attiré ; à trois, neuf fois moins ; à quatre, ſeize fois moins, & ainſi de ſuite. Il faut vous rendre cette proportion ſenſible.

Exemple qui rend ſenſible cette derniere propoſition. Fig. 35. Planche IV.

Si, faiſant paſſer la lumiere d'une bougie par un petit trou, vous placez à un pied de diſtance la ſurface A d'un pouce quarré, cette ſurface jettera ſur B, qui eſt à deux pieds, une ombre de quatre pouces quarrés ; ſur C, qui eſt à trois pieds, une ombre de neuf pouces ; ſur D, qui eſt à quatre pieds, une ombre de ſeize pouces ; ſur cinq, une ombre de 25 ; ſur ſix, une ombre de 36. En un mot, l'ombre augmentera comme le quarré des diſtances.

Mais puiſque le corps A jette ſur B une ombre de quatre pouces quarrés, ſur C une ombre de neuf, & ſur D une ombre de ſeize, il s'enſuit que, tranſporté en B, il ne recevra que la quatrieme partie de lumiere, qu'il recevoit en A ; en C que la neuvieme ; & en

D que la feizieme. La lumiere décroît donc dans la même proportion que l'ombre augmente.

Si la lumiere croiffoit comme l'ombre, elle augmenteroit en raifon du quarré des diftances : mais parce qu'elle décroît dans la même proportion que l'ombre augmente, on dit qu'elle agit en raifon inverfe du quarré des diftances.

Il en eft de même de la chaleur, en fuppofant que l'action des rayons en eft l'unique caufe : car dans cette fuppofition fi la terre étoit deux fois plus éloignée du foleil, elle feroit quatre fois moins échauffée, par la même raifon qu'elle feroit quatre fois moins éclairée. A une diftance triple, elle feroit neuf fois moins échauffée ; à une diftance quadruple, feize fois moins, &c. l'action de la chaleur eft donc auffi en raifon inverfe du quarré des diftances.

Mais l'attraction, ainfi que la lumiere & la chaleur, agit du centre à la circonférence. Elle agira donc encore en raifon inverfe du quarré des diftances, fi elle augmente & décroît dans la même proportion, que la lumiere & la chaleur. Or, c'eft ainfi qu'elle augmente, & décroît : l'obfervation le démontre. Mais parce que vous n'êtes pas encore en état de comprendre comment on a pu obferver ce phénomene, il vous fuffit pour le moment de le croire fur l'autorité des obfervateurs, & de le regarder avec eux comme un principe, qui peut expliquer d'autres phénomenes.

La pefanteur, le poids, la gravité & la gravitation font des effets de cette caufe que nous nommons attraction. Tous ces mots fignifient au fond la même chofe, & ne différent que par des acceffoires, que je vous ai expliqués (*)

Les phénomenes, que nous défignons par ces mots, fuivent donc les loix de l'attraction ; c'eft-à-dire, que la pefanteur des corps céleftes, leur poids, leur gravité, ou leur gravitation eft en raifon inverfe du quarré des diftances. Je dis *des corps céleftes*, parce que nous aurons occafion de remarquer, que la gravitation des particules de la matiere fuit d'autres loix.

Le poids d'un corps à une verfe du quarré des diftances, il s'enfuit que

De ce que l'attraction agit en raifon inverfe du quarré des diftances, il s'enfuit que

---

(*) Dans un dictionnaire des fynonymes françois.

troi

trois corps qui peferont une livre, l'un à deux rayons du centre de la terre, l'autre à trois & l'autre à quatre, peferont à un rayon, le premier 4 livres, le fecond 9 & le troifieme 16. Car toutes ces propofitions difent au fond la même chofe, & ne différent que par l'expreffion.

diftance quelconque eft au poids fur la furface de la terre comme l'unité au quarré de fa diftance.

Par conféquent, & c'eft encore une propofition identique avec les précédentes, le poids d'un corps à une diftance quelconque, eft au poids qu'il auroit fur la furface de la terre, comme l'unité au quarré de fa diftance. Si je veux donc favoir ce que peferoit fur la furface de la terre un corps qui à 60 rayons ne peferoit qu'une livre, je n'aurai qu'à multiplier 60 par 60, & j'aurai le quarré 3600: fi au contraire fur la furface il ne peloit qu'une livre, il ne peferoit à 60 rayons que la 3600ᵉ partie d'une livre.

Or, la pefanteur eft la force qui détermine la viteffe avec laquelle un corps defcend. Connoiffant donc la viteffe d'un corps à la furface de la terre, je connoîtrai fa viteffe à toute autre diftance, à 60 rayons, par exemple. Je n'aurai qu'à faire ce raifonnement.

La viteffe avec laquelle un corps defcend, eft en raifon inverfe du quarré de fa diftance.

Un corps près de la furface, defcend d'une perche en une feconde; or, à 60 rayons il

Tom. III. L

a 3600 fois moins de force : il ne defcendra
donc que de la 3600e partie d'une perche.

Si je veux favoir dans quel temps il doit
parcourir à cette diftance, les 3600 parties, ou
la perche entiere, je n'ai qu'à me rappeller
que les efpaces parcourus font comme les quarrés des temps. Donc les efpaces étant 3600 parties, le temps fera 60 fecondes, racine quar-
rée de 3600.

En ne faifant que des calculs, l'identité
n'en eft que plus fenfible ; continuons donc
d'aller de propofitions identiques en propofitions identiques, & voyons où nous arriverons.

Quelle eft la
force centri-
pete de la
lune. La lune eft à 60 rayons : donc elle def-
cendroit d'une perche en une minute ; & de
3600 en 60 minutes ou une heure, fi elle
étoit abandonnée à fon poids ; c'eft-à-dire, fi
elle étoit mue par la feule force qui la porte
vers la terre : il fuffiroit dans cette fuppofition de calculer d'après les loix de l'accélération du mouvement , pour déterminer le
temps de fa chûte.

Quelle eft fa
force centri-
fu. Mais fi dans une heure fon poids ou fa force
centripete doit la faire defcendre de 3600 perches, il eft évident qu'elle ne décrira une or-

bite à la distance de 60 rayons , qu'autant
qu'elle aura une force centrifuge capable de
l'écarter de 3600 perches en une heure.

Nous connoissons donc quelle est la force
centrifuge de la lune , & quelle est sa force
centripete. Nous savons d'ailleurs qu'elle acheve sa révolution en 27 jours & 7 heures. Cela
étant , nous pouvons déterminer son orbite.

Si nous supposons que A B soit l'espace dont Fig. 36.
elle tomberoit en un jour, étant abandonnée à *Comment on*
son propre poids , nous avons un des côtés du *connoît l'or-*
parallélogramme dont elle doit décrire la *bite qu'elle*
décrit.
diagonale. Mais comme A B représente la force
centripete , A C perpendiculaire à A B représente la force de projection ; & CD parallele,&c.
égale à A B acheve le parallélogramme & représente la force centrifuge. Il est donc évident que
A D est la courbe que les forces combinées doivent en un jour faire parcourir à la lune. Par conséquent, nous aurons à peu près l'orbite de cette
planete , si , négligeant les heures pour sim-
plifier , nous traçons un cercle , dont A D
soit la 27e. partie.

Vous voyez actuellement comment des ob- *Comment les*
servations sur la pesanteur conduisent à connoî- *observations*
tre les forces centrales de la lune , & la courbe *confirment*
les calculs
qu'elle décrit autour de la terre. Mais pour *qu'on fait à*

ce fujet.

nous affurer de la vérité de ces calculs, il faut
que les obfervations les confirment ; & fi elles
font découvrir du plus ou du moins dans le
mouvement de la lune , il faut qu'elles en indiquent une caufe qui ne foit pas contraire aux
calculs : c'eft ce qui eft arrivé.

Pourquoi il
eft difficile
d'expliquer
les irrégulari-
tés apparentes
de la lune.

Tous les calculs que nous venons de faire,
feroient confirmés par les obfervations, fi la
lune gravitoit que vers la terre, & décrivoit un cercle dont nous ferions le centre. Mais
premierement la lune gravite encore vers le
foleil ; en fecond lieu , elle ne décrit pas un
cercle , mais une ellipfe ; enfin , la terre n'eft pas
au centre de l'ellipfe ; mais dans un des foyers.
Toutes ces confidérations rendent les calculs fi
difficiles , qu'on n'a pas encore pu expliquer
avec précifion toutes les irrégularités apparentes
du mouvement de la lune.

Fig. 37.
Effet de l'at-
traction du
foleil fur la
lune.

La lune étant en A & la terre en T, le foleil
S , les attire également , parce qu'il eft à égale
diftance de l'une & de l'autre. Dans ce cas, rien
n'altérera la gravité de la lune vers la terre.
Mais fi la lune eft en B , elle fera plus attirée
par le foleil , parce qu'elle en eft plus près , &,
par conféquent , elle gravitera moins fur la
terre. En C le poids de la lune vers la terre fera
le même qu'en A. Enfin , en D, la terre étant
plus attirée par le foleil , s'éloignera de la lune,

qui par cette raifon, pefera moins vers la terre.
C'eft ainfi que dans tous les points de l'orbite,
excepté A & C, l'action du foleil tend plus ou
moins à écarter ces deux planetes. Ajoutons que
cette action varie encore fuivant que la terre &
la lune, qu'elle entraîne dans fa révolution,
s'approchent ou s'éloignent du foleil. Par-là vous
commencerez à comprendre que le mouvement de la lune doit-être tantôt accéléré, tantôt retardé, & que l'orbite qu'elle décrit ne
peut pas être bien réguliere.

Il eft inutile d'entrer dans de plus grands
détails fur cette matiere. Je me borne à vous
donner des vues générales, propres à vous la
faire approfondir, lorfque vous en aurez la cu-
riofité, & que des études plus relatives à votre
état, vous en laifferont le loifir.

L j

CHAPITRE IV.

Des ellipses que les planetes décrivent.

Les ellipses
s'expliquent
par une suite
de proposi-
tions identi-
ques avec ce
qui a déja été
prouvé.LA lune autour de la terre, les planetes & les cometes autour du soleil, décrivent des éllipses. Celle que je vais vous donner pour exemple, plus excentrique qu'aucune de celles des planetes, l'est moins que celles des cometes: mais elle suffit pour expliquer les unes & les autres, parce que les loix font les mêmes pour toutes.

Je vous ferai d'abord remarquer que ce que nous dirons pour expliquer ces ellipses, reviendra pour le fond à ce que nous avons déja dit & prouvé, lorsque nous avons expliqué la courbe qu'on nomme *parabole* : c'est-à-dire, que les corps célestes ne décrivent des ellipses, que parce qu'obéissant à deux forces, dont les directions font toujours des angles, ils se meuvent de diagonale en diagonale.

Un corps jeté dans la direction A a, eſt attiré par le ſoleil dans la direction AS, c'eſt-à-
dire, à angle droit : il ira donc d'un mouvement accéléré de A en B. Arrivé à ce point,
la force de projection le feroit mouvoir dans
la ligne Bb ; mais il eſt attiré à angle aigu dans
la direction BS ; ſon mouvement ſera donc
encore accéléré, & il ira de B en C. C'eſt
ainſi que la direction de la force de projection
le long des tangentes, faiſant toujours un angle aigu avec la direction de la peſanteur, les
deux forces réunies accéléreront le mouvement
de la planete, juſqu'à ce qu'elle arrive en P.

Parvenue en P, la direction de la force de
projection, le long de la tangente Pp, fait un
angle droit avec PS, direction de la peſanteur :
la planete ira donc en F. Mais comme elle eſt
venue de D en P, par un mouvement accéléré,
elle va de P en F, par un mouvement retardé.

En F, la direction de la force de projection
le long de la tangente Ff, fait un angle obtus
avec FS, direction de la peſanteur : le mouvement ſera donc encore retardé ; & il le ſera juſqu'à ce que la planete revienne en A, parce que
les angles ſeront toujours obtus.

Mais il faut remarquer que l'augmentation
& la diminuzion des angles, n'eſt pas la ſeule

*Fig. 38.
Partie de l'el-
lipſe, décrite
par un mou-
vement accé-
léré.*

*Partie de l'el-
lipſe, où le
mouvement
eſt retardé.*

*L'augmenta-
tion & la di-*

L 4

minution des
angles n'est
pas la feule
caufe qui ac-
célere & qui
retarde le
mouvement. raifon qui accélére & qui retarde le mouvement. Car, de A en P, les angles ne décroiffent
que jufqu'à mi-chemin, comme ils ne croiffent
que jufqu'à mi-chemin de P en A L'accélération & le retardement ont donc encore une autre caufe. En effet, la planete accélére fon
mouvement en venant de A en P, parce
qu'elle s'approche plus du foleil qui l'attire en
raifon inverfe du quarré des diftances; & elle
retarde fon mouvement en retournant de P en
A, parce qu'elle eft moins attirée par le foleil,
à mefure qu'elle s'éloigne davantage.

CHAPITRE V.

Des aires proportionelles aux temps.

L'AIRE d'un triangle eſt l'eſpace renfermé
dans ſes trois côtés. Tels ſont les eſpaces
ASB, BSC, &c. Lorſque la planete ſe meut
de A par B, C, &c. on ſe repréſente le rayon
SA comme une ligne, qui s'élevant ſur le centre S, porte la planete à l'autre bout ; & qui
étant tranſportée avec elle, balaye, pour ainſi
dire, chaque aire, à meſure que la planete en
décrit le côté oppoſé au centre S. Ce rayon ſe
nomme *rayon vecteur*, c'eſt-à-dire, qui porte.
Voilà ce qu'on entend quand on dit qu'une planete décrit des aires autour du centre de ſon
mouvement.

Fig. 34.
Ce qu'on en-
tend par le
rayon vecteur,
& par les aires
qu'il décrit.

Tous les aſtronomes connoiſſent aujourd'hui
que les aires décrites par une planete ſont proportionelles aux temps, c'eſt-à-dire, égales en
temps égaux. Kepler eſt le premier qui ait décou-

Les aires ſon
proportionel-
les aux temps.

vert ce phénomene, & qui ait conjecturé que la
gravitation vers le foleil en eſt la cauſe. Newton a démontré la vérité de cette découverte
& de cette conjecture.

Cette vérité
eſt ſenſible,
lorſqu'une
planete ſe
meut dans
une orbite
circulaire.

Lorſqu'une planete ſe meut circulairement
autour d'un centre, elle parcourt des arcs de
cercles égaux en temps égaux. Dans ce cas les
aires, que balaye le rayon vecteur, ſont non-
ſeulement égales, elles ſont encore ſemblables;
& cette reſſemblance rend leur égalité ſenſible. Voilà ce qui doit arriver toutes les fois
qu'une planete eſt tranſportée dans une orbite
circulaire ; car alors ſon mouvement n'étant ni
accéléré ni retardé, il eſt évident que le rayon
vecteur parcourt en temps égaux des aires égales & ſemblables.

C'eſt ainſi que paroiſſent ſe mouvoir les ſatellites autour de jupiter. Il eſt vrai que, ſuivant leurs poſitions, ils doivent ſe détourner
plus ou moins ; car ils ne ſont pas toujours à
la même diſtance du ſoleil les uns des autres.
Mais nous pouvons négliger ces inégalités,
puiſqu'elles ne ſont pas aſſez conſidérables pour
être obſervées au téleſcope.

Preuve de
cette vérité,
lorſqu'une
planete ſe

Lorſque le cours de la planete ſe fait dans
une ellipſe, & que le centre du mouvement eſt
dans l'un des foyers, le rayon vecteur décrit

encore des aires égales. Cette égalité n'est pas d'abord si sensible, parce que les aires ne sont pas toutes semblables ; & que vous ne trouverez de ressemblance qu'entre celles qui se correspondent à égales distances du périhélie, & de l'aphélie.

Mais quoique les aires ne soient pas toutes semblables, elles sont toutes égales ; les plus courtes Fig. 38. regagnant en largeur ce qu'elles perdent en longueur. Vous pouvez le voir sensiblement dans une figure : mais il faut vous en donner une démonstration.

Vous savez que la mesure de l'aire d'un triangle, ou de l'espace renfermé entre les trois côtés, est le produit de la hauteur par la moitié de la base ; & vous jugez, en conséquence, que les aires sont égales, lorsque les triangles ont même base & même hauteur.

Or, supposons qu'un corps mu uniformément, Fig. 39. parcourt en temps égaux les espaces égaux AB, BC : il est évident que les aires ASC, BSC, décrites par le rayon vecteur, sont égales, puisque ces deux triangles ont même base & même hauteur : même base, parce que BC est égal à AB ; & même hauteur, parce que la hauteur de l'un & de l'autre est la perpendiculaire tirée du sommet S sur la ligne AD.

Par conséquent, tant que ce corps continuera

à fe mouvoir dans la même ligne, & que les triangles auront leur fommet commun dans le même point ; les aires continueront d'être égales, & elles ne différeront que parce qu'elles regagneront en longueur ce qu'elles auront perdu en largeur.

Or, lorfque ce corps au lieu d'une ligne droite, décrira une courbe autour du point S, où nous avons fixé le fommet des triangles ; cette direction ne changera pas la grandeur des aires, elle en changera feulement la figure, leur faifant regagner en largeur ce qu'elles auront perdu en longueur. En effet, imprimons à ce corps, arrivé en C, une force capable, fi elle agiffoit feule, de le porter en E, dans le même temps que par fon mouvement uniforme il auroit été de C en D ; il eft démontré par ce que nous avons dit ailleurs, que ce corps obéiffant à ces deux forces, parcourra CF diagonale du parallélogramme CDFE, dans le même temps qu'il auroit parcouru CE ou CD. Le rayon vecteur décrira donc l'aire S CF. Or, cette aire eft égale à SCD, puifque les deux triangles ont une bafe commune dans CS, & qu'étant entre les deux parallèles CE & DF, ils ont encore une hauteur commune dans la perpendiculaire tirée de l'une de ces deux lignes à l'autre. Vous concevez que le même raifonnement démontre l'égalité des aires fuivantes.

Mais si la direction n'étant pas toujours exactement au point S, étoit par intervalles à quelque point voisin, les aires seroient nécessairement inégales, car le corps, au lieu d'arriver dans la ligne DF, iroit dans le même temps au-delà de cette ligne, ou ne l'atteindroit pas ; & par conséquent, les aires décrites seroient ou plus grandes, ou moindres que SCD.

Les aires ne font égales aux temps que dans la supposition qu'une planete est constamment dirigée vers un même centre.

Il est donc prouvé que, lorsqu'un corps se meut dans une courbe, la direction constante au même point, démontre l'égalité des aires aux temps : d'où vous devez conclure l'inverse de cette proposition, c'est-à-dire, que l'égalité des aires aux temps, démontre qu'un corps est constamment dirigé vers le même point.

Cette vérité, une des plus importantes dans le système de Newton, est une loi dont la nature ne s'écarte jamais. Il suffit d'avoir observé avec Képler les satellites de jupiter, & d'avoir remarqué avec lui que les aires décrites sont proportionnelles aux temps, & aussitôt on est assuré que les satellites sont toujours dirigés vers le centre de leur planete principale. De même la lune est, dans tout son cours, dirigée vers le centre de la terre, si son rayon vecteur décrit toujours en temps égaux des aires égales ; & si on remarque quelqu'inégalité dans les aires décrites, il est prouvé que la lune n'est

Conséquences qui résultent de cette vérité.

pas abfolument dirigée vers le centre de notre globe. Enfin, on ne peut plus douter que toutes les planetes ne foient dirigées vers le centre du foleil, fi un rayon, tiré de chacune d'elles à ce centre décrit des aires égales en temps égaux : il ne faut plus qu'obferver.

Peut-être me demanderez-vous pourquoi une comete, étant à fon périhélie, ne tombe pas dans le foleil ; & pourquoi, à fon aphélie, elle ne s'échappe pas de fon orbite. En effet, dans une ellipfe, telle que celle que je vous ai donnée pour exemple, elle eft 6 fois plus près à fon périhélie, & par conféquent, 36 fois plus attirée ; & dans fon aphélie, elle eft 6 fois plus loin, & 36 fois moins attirée. Mais remarquez qu'à proportion qu'elle eft plus attirée, elle a une plus grande vîteffe ; & que la vîteffe ne peut augmenter, que la force centrifuge n'augmente également. Par une raifon contraire fa vîteffe diminue à proportion qu'elle eft attirée, & par conféquent, la force centrifuge déeroît en même raifon.

Vous voyez par-là que plus l'ellipfe eft ex-centrique, plus la vîteffe varie de l'aphélie au périhélie. C'eft ce qui arrive aux cometes : elles fe meuvent rapidement dans la partie inférieure de leur orbite, le périhélie ; lentement dans la partie fupérieure, l'aphélie : &

Pourquoi une comete ne tombe pas dans le foleil, & pourquoi elle ne s'é-chappe pas de fon orbite.

c'eft cette accélération & ce retardement qui
font décrire au rayon vecteur des aires proportionnelles aux temps.

Pour comprendre comment la gravitation
des planetes & des cometes s'accorde avec la
pefanteur des corps fur la terre, vous n'avez
qu'à fuppofer que d'une partie de la furface du
foleil on jette un corps, en forte qu'il remonte jufqu'en A par la ligne B A : car, dans
cette fuppofition, vous voyez qu'il s'élevera
jufqu'en A avec un mouvement retardé ; &
qu'arrivé à ce point où la force de projection
& la force qui l'attire vers le centre S, agiffent
à angle droit, il tombera avec un mouvement
accéléré par la ligne A b. Si, à une certaine
diftance du foleil, vous jetez ce même corps
dans une direction parallele à B A, il ira, par
exemple, de C en D ; & continuant dans cette
courbe, il décrira l'éllipfe C D c. Ce font-là
des conféquences de ce que nous avons dit
plus haut, ou des propofitions identiques avec
des propofitions que nous avons démontrées.

Cependant il ne faut pas croire que les
cometes & les planetes doivent éternellement
fe mouvoir dans les orbites qu'elles ont une
fois parcourues. Cela feroit vrai, fi elles étoient
tranfportées dans un milieu parfaitement vuide,
où elles ne trouvaffent aucune forte de réfif-

Marginal notes:

Fig. 40.
Sa gravitation
obéit aux mê-
mes loix, que
la pefanteur
auprès de la
furface de la
terre.

Les planetes
& les cometes
doivent con-
tinuellement
fe rapprocher
du foleil.

tance : mais la lumiere qui traverfe tous les
efpaces céleftes, & les particules fubtiles qui
s'échappent vraifemblablement des cometes &
des planetes, font un obftacle au mouvement
de ces corps qui roulent autour du foleil.
Cette réfiftance, il eft vrai, eft des milliers de
fois moindre que celle que produiroit l'air qui
environne la terre : mais enfin c'eft une réfiftance. La force projectile de ces corps & par
conféquent leur force centrifuge, diminue donc
à proportion de ces obftacles, & puifque l'attraction du foleil, ou la force centripete, refte
toujours la même, il faut que toutes les planetes
s'approchent continuellement du foleil, quoique d'une maniere infenfible. Il ne faut donc
plus qu'un certain nombre d'années, pour voir
toutes les planetes tomber fucceffivement dans
le foleil. C'eft ce qui a fait dire à Newton que
le monde ne fubfiftera qu'autant que Dieu remontera cette immenfe machine. J'ajouterai
même qu'il y a des aftronomes, qui croyent
déja avoir obfervé quelques petites altérations
dans l'orbite des planetes. Ce font-là des
conjectures. Voyons cependant comment une
comete peut tomber dans le foleil.

On a obfervé que le foleil a une grande atmofphere. Sa furface, à caufe de fa chaleur immenfe, doit pouffer au-dehors des écoule-
ments, qui flottant tout autour, forment un
milieu

Comment une comete peut tomber dans le foleil.

milieu pour le moins auffi denfe que notre air.

Soit ABC l'orbite d'une comete, & BLM l'atmofphere du foleil. Lorfque la comete vient de l'aphélie A au périhélie B, elle trouve en B une réfiftance qui diminue fa force projectile. L'attraction du foleil donnera plus de courbure à fon orbite, & elle remontera par *b*, au lieu de paffer par C : décrivant donc une ellipfe plus alongée, elle s'élévera jufqu'en *a*. Alors retombant en B, elle fe rapprochera encore davantage; & s'échappant par D, elle ira en E, d'où elle defcendra dans le foleil par la ligne ES. Il eft donc poffible que des cometes tombent dans le foleil. Les Newtoniens conjecturent même que cela arrive, & ils le croyent néceffaire pour nourrir cet aftre, qui s'épuiferoit infenfiblement, répandant la lumiere dans tout le fyftème.

Si la comete décrivoit une orbite, telle que celle que nous avons tracée plus haut, il faudroit bien des milliers d'années pour altérer fa révolution, au point de la faire tomber dans le foleil.

Quoique les orbites des planetes foient prefque circulaires, cependant comme les foyers des ellipfes font trop éloignés l'un de l'autre,

Fig. 41.

L'excentricité des orbites des planetes eft

Tom. III. M

assez sensible pour être observée. l'excentricité est assez sensible pour être observée. C'est pourquoi dans l'hémisphere du nord, notre demi-année d'hiver, où nous passons par le périhélie, est de huit jours plus courte que notre demi-année d'été.

Les révolutions sont plus courtes, à proportion que les planetes sont plus près du soleil.

Par tout ce que nous avons dit, vous comprenez que les planetes doivent achever leurs révolutions dans un temps d'autant plus court, qu'elles sont plus près du soleil, soit parce que la vitesse est plus grande. En effet, dès que la planete est plus près, sa force centripete qui augmente, exige que sa force centrifuge augmente également ; & ces deux forces ne peuvent manquer de la transporter avec plus de vîtesse. Cela est confirmé par les observations.

CHAPITRE VI.

Du centre commun de gravité entre plusieurs corps, tels que les planetes & le soleil.

L'ATTRACTION est dans le corps en raison de la quantité de matiere. Donc deux corps égaux en masse & placés dans le vuide, peseront également l'un sur l'autre ; A, par exemple, attirera B avec la même force qu'il en sera attiré ; &, par conséquent, ils s'approcheront avec des vîtesses semblables, & se joindront au point milieu C.

Or retrouve la balance dans la révolution de deux corps autour d'un centre commun de gravité.

Fig. 42.

Si A a une masse double, il attirera doublement B : il lui donnera donc une vîtesse double de celle qu'il en reçoit ; & le point de réunion sera d'autant plus près de A, que sa masse sera plus grande que celle de B.

A a son centre de gravité dans B sur lequel

M 2

ı pefe, & B a le fien dans A fur lequel il pefe
aufſi : mais par cette attraction réciproque, ils
font précifément comme fi, ne pefant point
l'un fur l'autre, ils pefoient chacun uniquement fur le point où ils tendent à fe réunir ; &
fi nous fuppofions un troifieme corps, A & B
peferoient fur lui, comme fi leurs deux points
étoient réunis dans le point vers lequel ils s'attirent réciproquement. En effet, fuppofons A
& B contenus par un fléau qui les empéche de
fe rapprocher, & fufpendons ce fléau par le
point où ils fe feroient réunis ; nous aurons une
balance, dans laquelle A & B feront en équilibre, parce que la diftance de A à ce point, fera
à la diſtance de B au même point, comme la
maſſe de B à la maſſe de A ; & ils peferont fur
un troifieme corps, comme fi toute leur gravité
étoit ramaſſée dans le centre de fufpenfion.

Dans la révo-
lution, par
exemple, de
la lune & de
la terre au-
tour de leur
centre com-
mun.

Or, vous pouvez vous repréfenter la lune &
la terre aux deux bouts de ce fléau, & imaginer que vous les tenez fufpendues au-deſſus du
foleil, comme vous tenez deux corps fufpendus avec une balance : car l'équilibre aura lieu
dans l'un & l'autre cas, fi les diftances au point
de fufpenfion font en raifon inverfe des
maſſes.

Voilà donc la lune & la terre en équilibre

aux deux bouts d'un fléau, qui eſt ſuſpendu
au-deſſus du ſoleil. Mais ſi la force de l'attraction & la force de projection combinées,
produiſent préciſément le même effet que le
fléau ſuſpendu ; il s'en ſuivra qu'en raiſonnant ſur les révolutions des corps céleſtes,
nous ferons des propoſitions identiques avec
ce que nous avons dit en raiſonnant ſur la
balance.

Or, la lune & la terre étant à 60 rayons l'une
de l'autre, lançons-les avec une force dont la
direction faſſe une angle droit avec la direction
de leur gravité réciproque ; alors au lieu de
ſe joindre, elles tourneront au tour d'un
centre commun : la force de projection,
combinée avec la peſanteur, fera donc l'effet
d'un fléau, qui les tiendroit écartées ; & le
centre de leur révolution ſera le même point,
qui auroit été dans le fléau le centre de ſuſpenſion. Par conſéquent, comme en les peſant
dans une balance, la terre, ayant environ 40
fois plus de matiere, ne ſeroit en équilibre
avec la lune, qu'autant qu'elle ſeroit environ
40 fois plus près du centre de ſuſpenſion ; de
même l'équilibre ne ſera conſervé entre ces
deux planetes au tour d'un centre de révolution, qu'autant que la terre ſera environ 40 fois
plus près du centre.

M 3

Et dans la ré-
volution de
ces deux pla-
netes autour
du soleil.

Vous appercevrez donc une balance dans la révolution de la lune & de la terre autour du centre commun de gravité : vous en appercevrez une également dans la révolution de ces deux planetes autour du soleil.

Lorsque vous les teniez suspendues aux deux bouts d'un fléau, elles ne pouvoient tomber vers cet astre qu'autant que le centre de suspension tomboit lui-même. Si vous vouliez donc imaginer un fléau, qui les empêchât de se joindre au soleil, il faudroit qu'un des bouts fût dans cet astre, & l'autre dans le centre de suspension des deux planetes ; & si vous vouliez trouver le point par où vous voudriez suspendre ce fléau, pour mettre ces deux poids en équilibre, vous chercheriez celui où la distance du soleil est à la distance des planetes, comme la masse des planetes est à la masse du soleil. Alors, saisissant cette balance, vous tiendrez le soleil en équilibre avec le centre de gravité commun aux deux planetes.

Mais comme une force de projection a fait mouvoir les deux planetes autour de leur centre commun de gravité, une autre force de projection, imprimée tout à la fois à ce centre & au soleil, fera mouvoir ce centre & le soleil autour d'un autre centre de gravité. Il suffira

de les lancer avec des forces qui foient capables
de contrebalancer l'action de leur pefanteur réciproque.

C'eft ainfi que la terre, placée à onze mille
diametres du foleil , c'eft-à-dire , à environ
trente-trois millions de lieues, fait fa révolution
annuelle. Mais il faut remarquer que, vu la
fupériorité de la maffe du foleil, cette diftance
eft trop petite pour porter hors de cet aftre le
centre commun de gravité : il eft donc au-dedans ;
& nous pouvons, fans erreur fenfible, regarder
le foleil comme en repos.

Pour nous repréfenter dans cette fuppofition
la révolution de la lune & celle de la terre,
foit le foleil en S : que le centre commun de
gravité de la lune Q , lorfqu'elle eft en fon
plein, & de la terre M, foit en F : que lorfqu'a-
près une lunaifon entiere, la lune fe trouvant de
nouveau dans fon plein, le même centre foit
en A : & qu'enfin F D A foit l'orbite que ce
centre décrit autour du foleil.

Différentes
fituations de
la lune & de
la terre pen-
dant leur ré-
volution au-
tour du foleil.
Fig. 43.

Si nous partageons en fuite la lunaifon en 4
parties égales , après la premiere , le centre de
gravité fera en E, la lune en p , la terre en L ;
après la feconde, la lune étant nouvelle, le centre de gravité fera en D , la lune en R , la terre en

M 4

I; dans la quadrature ſuivante, le centre de gravité ſera en B, la lune en o, la terre en H; enfin, quand la lune ſe trouvera dans ſon plein, le centre de gravité étant ſuppoſé en A, la lune ſera en N, la terre en G : propoſitions qui ſont toutes fondées ſur la révolution de la terre & de la lune autour d'un centre de gravité, qui décrit une orbite autour du ſoleil.

Il paroît donc que la terre parcourt la courbe M L I H G : mais parce que cette irrégularité eſt trop peu conſidérable pour pouvoir être apperçue, nous pouvons ſuppoſer, ſans erreur ſenſible, que le centre de la terre parcourt l'orbite F D A; car M F, ou D I, qui marque la plus grande diſtance où la terre peut ſe trouver de cette orbite, n'eſt qu'environ la 40.me partie de la diſtance M Q, qui elle même n'eſt pas la 300.me de la diſtance F S. C'eſt pourquoi on regarde la terre comme au centre des révolutions de la lune, & comme parcourant elle-même l'orbite décrite par le centre de gravité.

Comment on détermine à peu près le centre commun de gra-

Jetons ſucceſſivement & dans une direction à peu près ſemblable à celle de la terre, mercure, vénus, mars, jupiter & ſaturne,; mercure à 4257 diametre, vénus à 7953, mars à

16764, jupiter à 57200, & saturne à 104918; ce sont à peu près les distances moyennes où ces planetes sont du soleil.

D'après ces suppositions, il me sera aisé de vous faire concevoir comment on détermine un centre commun de gravité entre tous les corps. Je vous avertis cependant que mon dessein n'est pas de vous donner sur ce sujet les idées les plus précises : elles demanderoient des calculs dans lesquels nous ne devons entrer ni l'un ni l'autre. Il me suffira donc de vous faire connoître la maniere dont on raisonne.

Plus un corps a de masse, plus il est près du centre commun de gravité. Or, le soleil a un million de fois plus de matiere que mercure, sa distance est donc un million de fois moindre. Mais la distance de mercure au soleil étant 4257, vous ne sauriez rapprocher le centre commun de gavité un million de fois plus près du soleil, que vous ne le placiez à une très petite distance du centre de cet astre.

En effet, si ces deux corps étoient égaux, le centre commun de gravité seroit à 2128 environ du centre de chacun. Le centre commun de gravité se rapprochera donc du centre du soleil, à mesure que vous augmenterez la masse de cet astre.

Augmentée un million de fois, ce centre fera un million de fois plus près du centre du foleil.

Suppofons maintenant 4257 divifé en un million de parties : une feule de ces parties mefurera la diftance où le centre du foleil eft du centre de gravité.

La maffe de vénus étant à celle du foleil comme 1 à 169281, elle attirera un peu en avant le centre des trois corps; la terre & mars, par la même raifon, l'attireront encore davantage : mais parce que jupiter a une grande maffe, & qu'il eft d'ailleurs encore plus éloigné du foleil, le centre de gravité du foleil & de jupiter fera un peu hors de la furface du foleil; &, par conféquent, le centre de gravité des cinq corps fera porté encore plus en avant. Mais parce que la maffe de faturne n'eft qu'environ le tiers de celle de jupiter, le centre commun de gravité feroit un peu en dedans de la furface, fi nous fuppofions qu'il n'y eut que cette planete & le foleil. Quand nous confidérerons tous ces corps enfemble, & que nous placerons toutes les planetes du même côté, le centre commun s'éloignera encore de la furface. Il rentrera au contraire dans la furface, lorfque jupiter fera d'un côté & faturne de l'autre; quelle que foit

d'ailleurs la poſition des autres planetes. Car
elles ſont trop près, & elles ont trop peu de
matiere, pour attirer en dehors le centre commun de gravité. Or, c'eſt ce centre qui eſt en
repos dans notre ſyſtême, & non celui du ſoleil : c'eſt pourquoi cet aſtre a une eſpece de
mouvement d'ondulation.

La maſſe de jupiter ſurpaſſe ſi fort celle de
ſes ſatellites, que le centre commun des cinq
corps n'eſt guere éloigné du centre de cette planete. La même obſervation a lieu ſur ſaturne,
par rapport à ſes ſatellites & à ſon anneau.

Concluons que pour changer le centre commun de notre ſyſtême, il ſuffiroit d'ajouter ou de
retrancher une planete ; & que ce changement
ſeroit plus ou moins conſidérable à proportion
de la maſſe & de la diſtance de la planete ajoutée ou retranchée.

CHAPITRE VII.

De la gravitation mutuelle des planetes entre elles, & des planetes avec le soleil.

Irrégularités que l'attraction du soleil produit dans le mouvement de la lune.

Fig. 43.

Tous les corps de notre système agissent & réagissent les uns sur les autres en raison inverse du quarré de leurs distances, & en raison directe de leurs masses.

Lorsque la lune se trouve dans son premier & dans son dernier quartier, elle est précisément comme si elle n'étoit attirée que par la terre, puisque ces deux corps sont alors attirés par le soleil.

Mais quand elle passe de son second quartier au point où elle est en conjonction, elle précipite son mouvement, parce qu'elle est plus attirée vers le soleil; comme elle le ralentit, quand elle va à son premier quartier, parce que le soleil l'attire moins.

Enfin, quand de son premier quartier elle va
au point où elle eſt en oppoſition, pour revenir à ſon ſecond quartier, ſon mouvement s'accélere encore, parce qu'elle obéit d'autant plus
à l'attraction de la terre, qu'étant plus éloignée
du ſoleil, elle en eſt moins attirée. Ajoutez à
tout cela que cette double attraction produit
encore des effers différents, ſuivant que la
terre eſt dans ſon périhélie ou dans ſon aphélie.

Cette accélération & ce retardement du
mouvement de la lune, ſont donc un effet de
l'attraction du ſoleil combinée avec l'attraction
de la terre ; & la lune décriroit des aires proportionnelles aux temps, ſi elle n'étoit attirée que
par notre globe. Les irrégularités de ſon cours
ne ſont donc pas une difficulté contre le ſyſtême de Newton : elles le confirment au contraire.

Quelqu'éloignés que les ſatellites de jupiter
& de ſaturne ſoient du ſoleil, ils ſont aſſu-
jettis à la même loi; mais ils le ſont d'autant
moins, qu'ils ſont à une plus grande diſtance :
& quoique l'action du ſoleil ne puiſſe manquer
d'altérer quelque peu leur cours, elle eſt ſi peu
de choſe en comparaiſon de l'action de ſaturne
& de jupiter, que cette altération n'eſt pas ſenſible au téleſcope.

Pourquoi les irrégularités qu'elle cauſe dans les ſatel- lites de jupi- ter & de ſa- turne, ne ſont pas ſenſibles.

Irrégularités produites dans le cours des planetes par leur gravitation mutuelle.

Puisque les planetes agissent & réagissent aussi les unes sur les autres, elles doivent altérer mutuellement leur cours; & on remarque cette altération dans le cours de saturne & dans celui de jupiter, lorsque ces planetes sont toutes deux du même côté. Si l'on n'observe pas la même chose à l'occasion des autres planetes, c'est que leur masse étant beaucoup plus petite, l'action réciproque des unes sur les autres, ne peut pas changer d'une maniere assez sensible le cours que l'attraction du soleil leur prescrit. Le cours des cometes & celui des planetes doivent aussi s'altérer réciproquement, lorsque les cometes passent dans le voisinage des planetes.

CHAPITRE VIII.

Comment on détermine l'orbite d'une planete.

Si nous suppofons d'abord qu'une planete décrit un cercle, dont le foleil eft le centre, elle parcourt, en temps égaux, des arcs égaux; & fi nous divifons le temps de fa révolution en parties égales, les aires fur lefquelles fon rayon vecteur gliffera, feront non-feulement égales, elles feront encore femblables.

On fait d'abord une premiere hypothefe.

Voilà l'hypothefe que les aftronomes ont d'abord faite, d'après leurs premieres obferva-tions, & qu'ils ont enfuite abandonnée, lorf-qu'ils ont eu mieux obfervé. En effet, elle ne s'accorde point avec le mouvement tantôt accéléré & tantôt retardé, qu'on obferve dans le cours des planetes.

Que l'obfer-vation détruit

Il y a deux chofes à remarquer dans cette accélération & dans ce retardement : l'une, qu'une planete est tantôt plus près & tantôt plus loin que le soleil ; l'autre, que son rayon vecteur parcourt en temps égaux des aires égales. Or, il est évident par tout ce que nous avons dit, pour expliquer les ellipses, qu'elle ne peut se mouvoir ainsi, qu'autant qu'elle décrit une orbite elliptique, & dont un des foyers est le centre de la révolution.

Fig. 44.
Et on fait des hypotheses jusqu'à ce qu'elles soient confirmées par les observations.
Planche V.

Au lieu donc de représenter l'orbite de la planete par un cercle tel que A B C b, les astronomes l'ont représentée par une ellipse, A m C n. Ils ont d'abord tracé cette ellipse d'après les hipotheses, qui paroissoient leur être indiquées par les observations ; & ensuite ils ont observé de nouveau pour s'assurer de la vérité de leur hypothese, ou pour en reconnoître l'erreur. Lorsqu'ils ont vu que le cours de la planete ne s'accordoit pas avec l'ellipse qu'ils avoient imaginée, ils ont fait de nouvelles suppositions, pour corriger leurs méprises. Si, par exemple, l'ellipse étoit trop renflée, ils l'applatissoient ; si elle étoit trop applatie, ils la renfloient. C'est ainsi que d'observations en hypotheses, & d'hypotheses en observations, ils ont enfin réussi à tracer l'orbite d'une planete. Vous jugez qu'une pareille recherche demande beaucoup de sagacité & beaucoup de calculs, & c'est assez pour vous aujourd'hui, que vous en portiez ce jugement.

CHAPI.

CHAPITRE IX.

Du rapport des distances aux temps périodiques.

D EUX corps étant à une certaine distance, & une force de projection leur étant communiquée, ils seront transportés autour d'un centre commun ; & si vous supposez que les forces centripetes & les forces centrifuges ne sont pas égales, les deux corps se rapprocheront ou s'éloigneront, jusqu'à ce que ces deux forces se balancent l'une & l'autre, & mettent l'équilibre entr'eux.

Il y a nécessairement un rapport entre les distances, & les temps périodiques.

Dès-là tout est déterminé, & la distance de ces corps, & les orbites qu'ils décrivent, & la vîtesse avec laquelle ils les parcourent.

En effet, les loix de l'équilibre déterminent les différentes distances où chaque planete est, du centre de sa révolution : les différentes distances déterminent les différents points

Tom. III. N

de son orbite ; & les différents angles que fait la direction des forces, déterminent la vîtesse dans chaque portion de la courbe. Il doit donc y avoir un rapport entre la distance & le temps périodique d'une planete, qui étant plus·près du soleil acheve sa révolution, par exemple, en trois mois, & la distance & le temps périodique d'une planete, qui étant plus éloignée, acheve sa révolution en trente ans.

Kepler l'a découvert en observant les satellites de jupiter.

Kepler a le premier découvert ce rapport. Il observa la distance des satellites de jupiter, & le temps de leur révolution : il remarqua que les quarrés des temps périodiques sont entr'eux, comme les cubes des distances.

Les planetes confirment cette observation.

En observant les planetes, cette loi s'est généralisée : les quarrés de leurs révolutions autour du soleil sont toujours comme les cubes de leurs distances.

Newton la démontre par sa théorie.

Enfin, Newton a calculé, & sa théorie a rendu raison d'une loi prouvée par les observations.

Avec la loi que suit l'attraction & les deux analogies de Kepler, il expli-

Nous avons vu que l'attraction & la pesanteur agit en raison inverse du quarré des distances, ou pour s'exprimer autrement, que son action diminue en même proportion que le quarré de la distance augmente.

Nous avons vu aussi que les planetes décri- vent, dans leur cours, des aires proportion- nelles aux temps.

Enfin, nous venons de voir le rapport des temps périodiques aux distances. Or, Monsei- gneur, toutes ses loix s'accordent avec les phé- nomenes, & se démontrent les unes par les au- tres; il ne faut qu'observer & calculer pour s'en convaincre. Les deux dernieres sont ce qu'on nomme les analogies de Kepler.

Aidé de ces principes, Newton trace aux pla- netes le chemin qu'elles doivent suivre ; il leur fait décrire des ellipses autour du soleil qu'il place dans des foyers ; & l'observation prouve qu'elles sont assujetties aux loix qu'il leur donne.

Il voit encore les cometes, lorsqu'elles échappent au télescope : à peine on lui montre quelques-uns des points, où elles ont passé, qu'il les suit rapidement dans des ellipses im- menses, & il nous apprend à prédire leur re- tour. Il ne faut plus que des observations pour achever de confirmer ses résultats à cet égard, ou pour corriger ses méprises.

On connoît, par exemple, l'orbite de la lune, & le temps de sa révolution autour de la

N 2

terre ; on fait que cette orbite & le temps périodique font un effet de la force de projection
& de la pefanteur : on fait ce que la lune pefe
à 60 rayons, ce qu'elle peferoit fur la terre : on
fait quelle eft fa vîteffe dans un cas , & quelle
feroit fa vîteffe dans l'autre ; & foit qu'on obferve , foit qu'on calcule , les réfultats font les
mêmes. C'eft ainfi que toute la théorie de ce
fyftême eft démontrée par l'évidence de fait &
par l'évidence de raifon.

CHAPITRE X.

De la pesanteur des corps sur différen-
tes planetes.

C'est une chose bien étonnante qu'on soit
parvenu à peser en quelque sorte les corps célestes. Mais croiriez - vous qu'on détermine à
peu-près le poids, qu'auroient sur la surface de
saturne & celle de jupiter, les corps que nous
pesons sur notre globe ? Pouviez-vous prévoir
que nous nous éleverions à ces connoissances,
lorsque vous avez vu avec quelle ignorance nous
avons commencé ? mais lorsque nous observons
& que nous raisonnons, transportés, pour ainsi
dire, d'une planete dans l'autre, nous prenons
la balance & nous pesons.

On est parve-
nu à détermi-
ner le poids
des mêmes
corps sur dif-
férentes pla-
netes.

Ces recherches demandent sans doute bien
des calculs. Je n'entreprendrai pas de vous
faire entrer dans tous ces détails : vous n'avez
pas encore la main assez sûre pour tenir la ba-

lance; & c'eſt beaucoup de vous faire voir dans l'éloignement, Newton peſant l'univers & ſes parties.

Le poids d'un corps eſt plus grand à la ſurface d'une planete qu'à toute autre diſtance.

Le poïds d'un corps ſur une planete n'eſt que l'effet de la force attractive qui agit de la planete ſur un corps, & réciproquement du corps ſur la planete.

Cette force eſt dans chaque particule; elle eſt donc compoſée d'autant de forces particulieres, qu'il entre de parties dans chaque maſſe. C'eſt donc une conſéquence, qu'à diſtances égales, l'attraction ſoit toujours en proportion avec la quantité de matiere.

Il ſuit de là que le poids des mêmes corps eſt plus grand à la ſurface d'une planete, qu'à toute autre diſtance ; qu'il l'eſt plus qu'au deſſous de la ſurface même, quoique alors les corps ſoient plus près du centre. A, par exemple, ſi nous n'avions égard qu'au centre, devroit être d'autant plus attiré qu'il en ſeroit plus près : mais vous voyez que la matiere qui s'étend au deſſus, en diminue néceſſairement le poids, à proportion qu'étant en plus grande quantité, elle attire davantage.

Fig. 45.

La maſſe & le diametre d'une planete

Si les planetes ſont égales en maſſe & en volume, les mêmes corps peſeront également ſur leurs ſurfaces.

Si, étant inégales en masse, elles sont égales en volume, les mêmes corps, placés à la surface, peseront plus sur l'une & moins sur l'autre, & cela en raison de la quantité de matiere qu'elles renferment.

Si nous les supposons inégales en volume, mais égales en masse, les corps transportés des plus petites sur les plus grandes, peseront en raison inverse, du quarre des distances.

Enfin, dans le cas où elles seront tout à la fois inégales en masse & en volume, les corps peseront en raison directe de la quantité de matiere, & en raison inverse du quarré des distances.

Vous comprenez donc comment la masse & le diametre des planetes étant connus, on peut juger du poids qu'auroit sur chacune un corps qui pese ici une livre.

Sur jupiter la plus grande de toutes les planetes, les poids augmentent; mais ce n'est pas dans la même proportion que jupiter surpasse la terre en quantité de matiere : car, si les corps qui sont à la surface, sont attirés par une plus grande masse, ils sont aussi moins attirés par le centre dont ils sont plus éloignés. Ainsi sur la surface de jupiter, qui a 100 fois autant

N 4

de matiere que la terre, on trouve que le poids du corps n'eſt que le double de ce qu'il eſt ſur la ſurface de notre globe.

De même ſur la ſurface de la lune, les corps peſent plus à proportion, que ſur la ſurface de la terre : il eſt vrai, que cette planete a 40 fois moins de matiere ; mais auſſi les points de ſa ſurface ſont moins éloignés du contre, puiſque ſon diametre eſt à celui de la terre comme 100 eſt à 365.

C'eſt ainſi que d'après la maſſe & le diametre d'une planete, on juge du poids du corps à ſa ſurface. Mais il eſt à propos de vous avertir que dans ces choſes, il n'eſt pas poſſible de ſaiſir la vérité dans une préciſion exacte ; il faut ſe contenter d'en approcher, & vous conviendrez que c'eſt beaucoup.

CHAPITRE XI.

Conclusion des chapitres précédents.

Que l'homme, Monseigneur, est tout-à-la fois ignorant & sublime ! Pendant que chaque corps paroît se cacher à lui, l'univers se dé-voile à ses yeux ; & il saisit le système de ces choses, dont la nature lui échappe. Placez en équilibre ce fléau de balance sur la pointe d'une aiguille, vous ferez du bout du doigt tourner autour d'un même centre les corps qui sont aux extrémités : voilà en quelque sorte l'image de l'univers, & c'est ainsi que Newton le soutient & le fait mouvoir.

L'univers n'est qu'une balance.

Pour peu que vous réfléchissiez sur la ba-lance, le levier, la roue, les poulies, le plan incliné & le pendule ; vous verrez que ces machines & d'autres plus composées, se réduisent à une seule, la balance ou le le-vier. L'identité est sensible ; elles prennent dif-férentes formes pour produire plus commo-

dément des effets différents : mais dans le principe, toutes ne font qu'une même machine.

Or, notre univers n'est qu'une grande balance. Le soleil, arrêté au bras le plus court,
est en équilibre avec les planetes placées à différentes distances : & tous ces corps se meuvent sur un point d'appui, qu'on nomme centre commun de gravité.

Cette comparaison suffit pour vous faire
comprendre comment toutes ces masses sont
réglées dans leur cours par cette même force
qui fait tomber ce cahier, si vous cessez de
le soutenir. La pesanteur est la loi générale:
c'est par elle que le soleil emporte autour de
lui mercure, venus, la terre, mars, jupiter, saturne, leurs lunes ou leurs sattellites,
& les cometes.

Toutes les vé-
rités possibles
se réduisent à
une seule.

Or, comme toutes les machines, depuis
la plus simple jusqu'à la plus composée, ne
font qu'une même machine, qui prend différentes formes pour produire des effets différents ; de même les propriétés qu'on découvre dans une suite de machines, toutes plus
composées les unes que les autres, se réduisent à une premiere propriété, qui, se trans-
formant, est tout à la fois une & multiple.
Car s'il n'y a dans le fond qu'une machine,

il n'y a dans le fond qu'une propriété. C'est
ce dont vous ferez convaincu si vous considé-
rez que nous ne nous sommes élevés de connoif-
sance en connoiffance, que parce que nous avons
passé de propofitions identiques en propofitions
identiques. Or, si nous pouvons découvrir toutes
les vérités poffibles, & nous en affurer d'une
maniere évidente, nous ferions une fuite de propofitions identiques, égales à la fuite des vérités ; & par conféquent nous verrions toutes
les vérités fe réduire à une feule. S'il y a donc
des vérités dont l'évidence nous échappe, c'est
que nous ne pouvons pas découvrir qu'elles
font identiques avec d'autres vérités que nous
connoiffons évidemment ; & tout vous prouve
que l'identité est, comme je l'ai dit, le feul
figne de l'évidence.

Je me fuis borné jufques à préfent aux connoiffances, que l'évidence de fait & l'évidence
de raifon nous donnent fur le fyftême du monde. Il refte donc encore bien des chofes à étudier. Je vous en enfeignerai une partie, en
traitant des autres moyens de nous inftruire.
Ce fera le fujet des livres fuivants.

LIVRE QUATRIEME.

Des moyens par lesquels nous tâchons de suppléer à l'évidence.

CHAPITRE I.

Réflexions sur l'attraction.

Vous avez vu les loix que suit l'attraction, lorsqu'elle agit à des distances considérables : mais il y en a une autre qui agit à de fort petites distances, & dont les loix ne sont pas également connues.

Pourquoi l'attraction se montre-t-elle en général dans tout corps ? C'est sans doute parce qu'elle est dans chaque particule, & c'est ce qui a fait remarquer que cette force est tou-

jours proportionnelle à la quantité de matiere.
Il sembleroit donc qu'elle devroit toujours suivre la même loi, &, par conséquent, agir toujours en raison inverse du quarré de la diftance. Or, cela n'est pas, & c'en est assez pour
vous faire comprendre la nécessité de joindre
l'observation au raisonnement : c'est le seul
moyen de s'assurer d'une vérité physique.

Cependant à peine les philosophes ont trouvé une loi, confirmée par l'expérience dans
quelques cas, qu'ils se hâtent de la généraliser, croyant tenir tout le secret de la nature.
Si cette maniere de philosopher est commode, elle n'est certainement pas la plus sage.
Il faut généraliser, sans doute ; c'est le seul
moyen de saisir la chaîne des vérités, de mettre de l'ordre dans ses connoissances : mais la
manie de généraliser a souvent égaré ; elle est
le principe de tous les mauvais systêmes.

Il faut être en garde con-tre la manie de généraliser

Les Newtoniens ne sont pas tombés à cet
égard dans les plus grands excés ; des expériences trop frappantes les en ont garantis : cependant tous ne sont pas exempts de reproches.
En voulant tout rapporter au principe de l'attraction, ils se sont souvent contentés de raisons vagues, & qu'on peut tout au plus regarder comme ingénieuses.

Les Newto-niens ne sont pas tout à fait exempts de re-proches à cet égard.

Attraction
qui n'a lieu
qu'au point
du contact ou
que très près
de ce point.

Les petites parties de matiere s'attirent fortement au point du contact , ou très près de ce point ; mais à une petite distance cette force décroît tout à coup, & devient nulle : des parties d'eau , par exemple , forment une goutte, aussitôt qu'elles se touchent ; & pour peu qu'elles soient écartées, elles n'agissent plus l'une sur l'autre. On ne fait pas les mêmes observations à l'occasion des particules d'air, de feu, & de lumiere. Pourquoi donc ces fluides ne forment ils pas des gouttes , si , comme on le suppose , l'attraction se trouve également dans toutes les parties de la matiere ? on ne dira pas sans doute que les particules de ces fluides ne se touchent jamais : on l'avanceroit sans preuve : il y a donc ici un mystere , que nous ne saurions pénétrer. Je ne prétends pas conclure de là que les particules d'air , de feu, & de lumiere ne sont pas sujettes à s'attirer mutuellement ; je prétends seulement que nous n'en savons pas encore assez , pour appliquer également ce principe à toutes les particules de la matiere : s'il est général , il ne produit pas toujours les mêmes effets ; son action varie suivant les cas , & il se déguise au point qu'il faudra encore bien des expériences pour le reconoître par tout. Je vais vous donner quelques exemples de cette attraction, qui agit à de petites distances.

Deux glaces polies, nettes & seches s'atta- chent l'une à l'autre, & on ne les peut plus séparer qu'avec effort. La même chose arrive dans le vuide ; & c'est une preuve qu'on ne sauroit attribuer cette cohésion à la pression de l'air environnant.

Mettez entre ces glaces un fil de soie fort fin, il faudra moins de force pour les écarter. Séparez les par deux fils tordus ensemble, par trois, vous trouverez encore moins d'obsta- cle. Cela paroît prouver que l'attraction réci- proque de ces glaces diminue, à proportion qu'elles sont plus éloignées l'une de l'autre.

Plongez un corps solide dans un fluide, & soulevez-le doucement ; la liqueur y restera attachée, & formera une petite colonne entre le solide & la surface du liquide. Elevez le solide plus haut, la colonne se détache & tombe ; c'est que l'attraction, qui l'a soulevée, céde à la pesanteur.

Je ne vous parlerai pas des expériences qui semblent prouver que l'attraction détourne de la ligne droite les rayons de lumiere. Je ne vous parlerai pas non plus de l'attraction du magné- tisme, ni de celle de l'électricité, qui agissent à des distances plus sensibles : toutes ces choses

viendront dans leur temps. Je me contenterai
seulement de vous faire remarquer que, dans
tous ces cas, rien n'est moins uniforme que les
loix que suit l'attraction; & que vraisemblablement plus nous ferons d'expériences, plus
nous trouverons que ce principe agit différemment.

Ce n'est pas à dire que ce principe ne soit
pas général : car l'action d'une cause doit être
différente suivant la différence des circonstances. Mais il faudroit voir toutes les circonstances, pour voir comment il agit dans toutes.
Or, j'ai bien peur que nous n'en sachions jamais assez. Il ne nous reste donc qu'à suspendre
notre jugement.

Comment d'après l'at-traction, les Newtoniens expliquent la solidité & la fluidité. C'est cependant d'après un principe si peu
connu que des Newtoniens ont entrepris d'ex-
pliquer la solidité, la fluidité, la dureté, la
mollesse, l'élasticité, la dissolution, la fer-
mentation, &c. Je vais vous donner en peu
de mots une idée de la maniere dont ils raisonnent.

Vous avez vu deux attractions; l'une qui
agit à raison du quarré de la distance, & l'autre
qui n'agit qu'au point du contact, ou qui du
moins s'évanouit à la moindre distance. C'est
cette

cette seconde attraction qui convient aux atômes, c'est-à-dire, aux plus petites parties dont
on suppose que les corps sont composés.

Dès que ces particules ne s'attirent qu'au
point du contact, leur force attractive doit être
proportionnelle aux surfaces qui se touchent;
& les parties un peu éloignées des surfaces ne
contribuent en rien à la cohésion.

Or, il y a à proportion plus de surface dans
un petit corps que dans un grand. Vous voyez,
par exemple, qu'un dé a six faces égales.
Placez-en deux l'un sur l'autre, & considérez-
les comme un seul corps double du premier,
vous remarquerez que les faces ne sont pas
comme les masses. Car dans le double dé,
elles ne sont pas comme douze, double de
six, mais seulement comme dix. Quelque jour
la géométrie vous démontrera cette proposition; il me suffit, pour le présent, de vous en
donner un exemple sensible.

Or, supposons des atômes dont les surfaces
soient planes, & d'autres dont les surfaces soient
sphériques. Les premiers s'attacheront fortement, parce qu'ils se touchent dans tous les
points de leur surface : voilà les corps solides formés. Les autres ne se touchent que dans un point

Tom. III.　　　　　O

infiniment petit : ils ne s'attacheront donc prefque pas enfemble, & c'eft de ces corpufcules
que fe forment les fluides, dont les parties cé-
dent au moindre effort.

La dureté. Varions la figure des atômes, la contexture
variera dans les corps. Il y aura plus ou moins
de vuide, & les furfaces intérieures fe toucheront dans plus ou moins de parties. De là les
corps plus ou moins durs.

La molleffe. Suppofons qu'un corps foit comprimé par un
poids, enforte que les particules élémentaires
ayant été éloignées de leur premier point de
contact, viennent à fe toucher dans d'autres
points ; & qu'alors fe collant enfemble dans
une fituation différente de celle où elles fe
trouvoient avant la preffion, elles reftent
dans cette fituation : un corps, qui fe prête
auffi facilement à toutes les formes qu'on
veut lui faire prendre, eft ce qu'on appelle
un corps mou.

L'élafticité, Mais fi la preffion, affez grande pour déran-
ger le premier contact, ne l'a pas été affez pour
en produire un nouveau, les particules repren-
dront leur premiere fituation, auffi-tôt que la
preffion ceffera. Tel eft le phénomene de l'élafticité.

Si les particules d'un corps dur, plongé dans un fluide, s'attirent réciproquement avec moins de force qu'elles ne ſont attirées par les particules du fluide, il ſe diſſoudra, & il ſe répandra çà & là en petites parties. Voilà la diſſolution.

Si des corpuſcules élaſtiques nagent dans un fluide, & s'attirent réciproquement, ils ſe heur-teront & s'écarteront après le choc. Ainſi con-tinuellement attirés & réfléchis, ils ſeront tranſportés en tout ſens d'un mouvement tou-jours plus rapide. C'eſt ainſi que ſe fait la fer-mentation & l'ébullition.

Toutes ces explications ſont fort ingénieu- ſes; elles le ſont même beaucoup plus que tout ce qu'on avoit imaginé avant le Newtonianiſme. Mais nous ne trouvons point ici cette évi-dence qui réſulte de l'accord du raiſonnement & de l'obſervation; & dans cette occaſion les Newtoniens imaginent plutôt qu'ils ne rai-ſonnent.

Pourquoi avons-nous regardé l'attraction comme la cauſe du mouvement des corps cé-leſtes? C'eſt que l'obſervation & le raiſonne-ment conſpirent enſemble: l'un & l'autre dé-montrent les loix ſuivant leſquelles ce principe

agit. Mais lorfque nous confidérons les particules de la matiere, nous ne pouvons plus déterminer ces loix avec précifion. Or, fi nous
ne pouvons pas les déterminer, comment nous
affurer que l'attraction eft la feule caufe des
phénomenes? Il fe peut qu'elle le foit; mais
ignorant la maniere dont elle agit, comment
nous en affurer? il n'y a point de regle pour
bien' raifonner, quand les obfervations manquent.

Tantôt l'action des corps qui s'attirent eft en
raifon inverfe du quarré de la diftance, tantôt
elle n'eft fenfible qu'au point du contact. Pourquoi cette différence? Je conviens que les circonftances variant, le même principe doit agir
fuivant des loix qui varient également. Mais,
encore un coup, quelle eft la variété des circonftances, & quelle variété la différence des
circonftances doit-elle mettre dans les loix?
Voilà ce qu'il faudroit exactement connoître,
avant de raifonner fur les phénomenes.

Il n'y a vraifemblablement qu'un feul principe : mais eft-ce l'attraction? en eft-ce un autre? C'eft ce que nous ignorons. Suppofons que
ce foit l'attraction; il eft au moins démontré
que nous ne favons pas quelle en eft la premiere
loi. Ce n'eft pas celle du quarré, puifqu'elle

n'a pas lieu par rapport aux particules de la matiere; ce n'eſt pas celle du contact, puiſqu'elle
ne ſe manifeſte pas dans les phénomenes de ces
corps qui roulent au-deſſus de nos têtes : ni l'une
ni l'autre n'eſt uniforme, ni univerſelle. Il y a
donc une loi plus générale, dont celles-ci ne
ſont que des conſéquences. Or quelle eſt-elle?

Il reſte donc à découvrir un principe plus
général que l'attraction, ou du moins une loi
plus générale que toutes celles qu'on a obſervées. Qu'on faſſe des hypotheſes, puiſqu'on
aime à en faire ; mais que ſur-tout on faſſe des
expériences, & peut-être on parviendra à de
nouvelles découvertes. Newton a ſi fort reculé
les bornes de nos connoiſſances, qu'on peut ſe
flatter de les reculer encore ; & il ſeroit auſſi
téméraire d'aſſurer qu'on ne peut plus rien découvrir, qu'il ſeroit peu raiſonnable d'aſſurer
qu'on a tout découvert.

L'attraction exiſte; on n'en peut pas douter.
Mais eſt-ce une qualité eſſentielle à la matiere?
Eſt-ce une qualité primordiale? Voilà, Monſeigneur, une queſtion qui tourmente les philoſophes. Eh ! qu'importe qu'elle ſoit eſſentielle ou primordiale? c'eſt un phénomene, &
c'eſt aſſez. N'êtes-vous pas étonné de voir des
hommes vouloir décider de ce qui eſt eſſentiel

*Queſtion vai-
ne au ſujet de
l'attraction.*

O 3

à une chofe dont ils ne connoiffent pas l'effence?
Toujours les philofophes s'occupent à difputer
fur ce dont ils n'ont point d'idées : s'ils em-
ployoient le même temps à obferver, la phi-
lofophie feroit plus de progrès.

Qu'eft-ce donc enfin que l'attraction? C'eft
un phénomene qui en explique plufieurs autres;
mais qui eft encore bien éloigné de les expliquer tous, & qui fuppofe lui-même, ou paroît
au moins fuppofer un principe plus général.

CHAPITRE II.

De la force des conjectures.

Les conjectures font le degré de certitude le plus éloigné de l'évidence ; mais ce n'est pas une raison pour les rejeter. C'est par elles que toutes les sciences & tous les arts ont commencé : car nous entrevoyons la vérité, avant de la voir ; & l'évidence ne vient souvent qu'après le tatonnement. Le système du monde que Newton nous a démontré, avoit été entrevu par des yeux qui n'avoient pu le saisir, parce qu'ils ne savoient pas encore assez voir.

Utilité des conjectures.

L'histoire de l'esprit humain prouve que les conjectures sont souvent sur le chemin de la vérité. Nous serons donc obligés de conjecturer, tant que nous aurons des découvertes à faire ; & nous conjecturerons avec d'autant plus de sagacité, que nous aurons fait plus de découvertes.

O 4

Excès à éviter.

Il y a ici, Monseigneur, des excès à éviter; car les philosophes peuvent être crédules par présomption, & incrédules par ignorance.

Les uns, parce qu'on a l'évidence dans quelques cas, ne veulent plus rien croire, lorsque l'évidence manque. Quelques uns même se refusent à l'évidence; & parce qu'il y a des opinions incertaines, ils veulent que tous les systêmes soient incertains. D'autres enfin s'abandonnent aux plus petites vraisemblances: la vérité leur parle toujours, ils la voient, ils la touchent. Ce sont des hommes qui rêvent éveillés, & qui sont fort surpris, lorsqu'on ne rêve pas comme eux.

Il faut quelquefois faire des conjectures pour arriver à l'évidence.

Les hommes se sont trompés de tant de façons, qu'on seroit presque tenté de croire qu'il ne reste plus de nouveau chemin pour s'égarer. La philosophie est un océan, & les philosophes ne sont souvent que des pilotes, dont les naufrages nous font connoître les écueils que nous devons éviter. Etant venus après eux, nous avons l'avantage de voguer avec plus de sûreté sur une mer, où ils ont été plus d'une fois le jouet des vents. Sondons cependant avec soin, & craignons de nous exposer dans des parages, où nous ne saurions pas quelle route tenir.

Quand le temps eſt ſerein, un bon pilote ne s'égare pas : l'étoile polaire paroît placée dans les cieux pour lui montrer par où il doit diriger ſa courſe. Mais s'il n'a plus de guide ſûr, quand les nuages obſcurciſſent les airs, il ne déſeſpére pas pour cela de ſon ſalut : jugeant par eſtime du lieu où il eſt, & du chemin qu'il doit prendre, il conjecture, il avance avec plus de précaution, il ne précipite pas ſa marche, il attend que l'aſtre qui doit le guider, ſe montre à lui. C'eſt ainſi que nous devons nous conduire. L'évidence peut ne pas ſe montrer d'abord : mais en attendant qu'elle paroiſſe, nous pouvons faire des conjectures ; & lorſqu'elle ſe montrera, nous jugerons ſi nos conjectures nous ont mis dans le bon chemin.

Le plus foible degré de conjecture eſt celui où n'ayant pas de raiſon pour aſſurer une choſe, on l'aſſure uniquement parce qu'on ne voit pas pourquoi elle ne ſeroit pas. Si l'on ſe permet ces conjectures, ce ne doit être que comme des ſuppoſitions, & il ne faut pas négliger de faire les recherches propres à les détruire ou à les confirmer.

Quel eſt le plus foible degré de conjecture.

Si on ne veille pas ſur ſoi, on donnera à cette maniere de raiſonner plus de poids qu'elle

Uſage qu'on en doit faire.

n'en a : car nous fommes portés à croire une chofe, quand nous ne voyons pas pourquoi on la nieroit.

C'eft ainfi qu'auffitôt qu'on fut affuré que les planetes tournent autour du foleil, on fuppofa que leurs orbites étoient des cercles parfaits, dont le foleil occupoit le centre, & qu'elles les parcouroient d'un mouvement égal. On n'en jugeoit ainfi, que parce qu'on n'avoit pas de raifon d'en juger autrement ; & on le croiroit encore, fi les obfervations n'avoient pas obligé de déplacer le foleil, de tracer de nouvelles routes aux planetes, de précipiter & de ralentir tour-à-tour leurs mouvements. Avant ces obfervations perfonne n'avoit prévu qu'on dût jamais changer rien aux premieres fuppofitions ; non qu'on eût des raifons pour les préférer, mais parce qu'on n'en avoit pas pour les rejeter. Des cercles parfaits, un centre & des mouvements toujours égaux font des idées fi claires, fi faciles à faifir, que, croyant qu'elles font les plus fimples pour la nature, parce qu'elles font les plus fimples pour nous, nous jugeons qu'elle les a choifies, comme nous les aurions choifies nous-mêmes, & nous les adoptons fans foupçonner qu'elles aient befoin d'être examinées. Mais fi à tout cela on veut fubftituer des mouvements inégaux, des orbites excentriques elliptiques, &c. l'efprit ne fait plus fur quoi fe fixer ; il ne peut plus déterminer ces mouvements & ces orbites : il n'eft plus fi à fon aife dans cette opinion, & il demande pourquoi il la préféreroit.

Les conjectures du fecond degré font celles, où, de plufieurs moyens dont une chofe peut être produite, on préfére celui qu'on imagine le plus fimple, fur cette fuppofition que la nature agit par les moyens les plus fimples. *Second degré de conjecture.*

Cette fuppofition eft vraie en général : mais dans l'application elle peut faire tomber dans l'erreur. Il eft certain que fi une premiere loi fuffit pour produire une fuite de phénomenes, Dieu n'en a pas employé deux ; que s'il en a fallu deux, il les a employées, & qu'il n'en a pas employé une troifieme. Ainfi les premieres loix de l'univers font fimples, parce que toutes font également néceffaires relativement aux phénomenes qui doivent être produits. *Sur quoi il eft fondé.*

Mais cette loi agit différemment fuivant les circonftances, & de là, il arrive qu'il y a néceffairement une multitude de loix fubordonnées, & qu'il y a des effets compli- *Combien il eft peu fûr.*

qués, c'est-à-dire, produits par une multitude de causes qui se croisent, ou qui se modifient.

Le système le plus simple est certainement celui où une seule loi suffit à la conservation de l'univers entier. Or, la simplicité de ce système ne subsisteroit plus si chaque phénomene étoit produit par une cause particuliere & unique. Ce seroit compliquer le tout que de supposer autant de causes que de phénomenes ; & il est plus simple que plusieurs causes concourent à la production de chacun, lorsque ces causes existent déja, & qu'elles sont autant de conséquences d'une premiere loi. Il doit donc y avoir dans la nature beaucoup d'effets compliqués, & qui par cette raison même n'en sont que plus simples & plus réguliers.

Erreurs où il fait tomber.   Mais le philosophe à qui il est impossible de voir le rapport d'un effet au tout, tombe dans l'inconvénient de juger compliqué ce qui ne l'est pas, ou du moins ce qui ne l'est que par rapport à lui : & jugeant témérairement de la simplicité des voies de la nature, il suppose qu'une cause qu'il a imaginée, est la vraie & l'unique ; parce qu'elle suffit, selon lui, pour expliquer un phénomene, dont il cherche la raison.

Ainſi ce principe, *la nature agit toujours par les voies les plus ſimples*, eſt fort beau dans la ſpéculation, mais il eſt rare qu'on puiſſe l'appliquer.

Ce degré de conjecture a d'autant plus de force, qu'on eſt plus ſûr de connoître tous les moyens dont une choſe peut être produite, & qu'on eſt plus en état de juger de leur ſimplicité; il en a moins au contraire, ſi on n'eſt pas ſûr d'avoir épuiſé tous ces moyens, & ſi on n'eſt pas capable de juger de leur ſimplicité : c'eſt le cas ordinaire aux philoſophes.

Comment il acquiert de la certitude.

Les conjectures ne ſont donc fondées, qu'à proportion, qu'en comparant tous les moyens, on a lieu de s'aſſurer de plus en plus, combien celui qu'on a préféré eſt ſimple, & combien les autres ſont compliqués.

Il eſt évident, par exemple, que la révolution du ſoleil peut être produite par ſon mouvement ou par celui de la terre, ou par tous deux à la fois : il n'y a pas un quatrieme moyen.

Or, le moyen le plus ſimple c'eſt de faire tourner la terre ſur elle-même, & autour du

ſoleil. Vous en ſerez convaincu : mais vous remarquerez que ce principe n'eſt pas ce qui démontre le mieux la vérité du ſyſtême de Co-
pernic.

On veut toujours rapporter tout à une ſeule
cauſe : ce défaut eſt général. Il ſemble qu'on
entende les philoſophes crier de tous côtés; *les*
moyens de la nature ſont ſimples. Mon ſyſ-
tême eſt ſimple, mon ſyſtême eſt donc celui de
la nature. Mais encore un coup, il eſt rare
qu'ils ſoient juges de ce qui eſt ſimple & de
ce qui ne l'eſt pas.

Les conjectu-
res ne ſont pas
des vérités,
mais elles doi-
vent ouvrir le
chemin à la
vérité. On ne doit s'arrêter à des conjectures qu'autant qu'elles peuvent frayer un chemin à de
nouvelles connoiſſances. C'eſt à elles à indi-
quer les expériences à faire : il faut qu'on ait
quelque eſpérance de pouvoir un jour les confirmer, ou de pouvoir y ſubſtituer quelque
choſe de mieux; &, par conſéquent, il n'en faut
faire qu'autant qu'elles peuvent devenir l'objet
de l'évidence de fait & de l'évidence de raiſon.

Rien n'eſt donc moins ſolide qu'une conjecture, qui eſt de nature à ne pouvoir jamais
être confirmée ni détruite. Telle ſont, par
exemple, celles des Newtoniens pour expliquer la ſolidité, la fluidité, &c.

L'histoire est le véritable champ des conjectures. Le gros des faits a une certitude qui
approche beaucoup de l'évidence, & qui, par
conféquent, ne permet pas de douter. Il n'en
est pas de même des circonstances. Les regles
qu'il faut suivre en pareil cas sont très dé-
licates : mais, comme je vous l'ai dit, vous
n'êtes pas encore en état d'entrer dans cette
recherche.

L'histoire est
le véritable
champ des
conjectures.

CHAPITRE III.

De l'analogie.

L'analogie a différents degrés de certitude.

L'ANALOGIE eſt comme une chaîne qui s'étend depuis les conjectures juſqu'à l'évidence. Ainſi vous voyez qu'il y en a pluſieurs degrés, & que tous les raiſonnements qu'on fait par analogie, n'ont pas la même force; eſſayons de les apprécier.

Analogie des effets à la cauſe & de la cauſe aux effets.

On raiſonne par analogie, lorſqu'on juge du rapport qui doit être entre les effets, par celui qui eſt entre les cauſes; ou lorſqu'on juge du rapport qui doit être entre les cauſes, par celui qui eſt entre les effets.

Exemple où l'analogie prouve que la terre ſe meut ſur elle-même & autour du ſoleil.

Que les révolutions diurnes & annuelles, & la variété des ſaiſons ſur la terre ſoient, par exemple, les effets que nous remarquons, & dont il s'agit de chercher la cauſe par analogie.

Nous

Nous ne fommes pas dans les autres planetes pour y remarquer les mêmes effets : mais
nous en voyons qui décrivent des orbites
autour du foleil, qui ont fur elles-mêmes un
mouvement de rotation , & dont l'axe eft
plus ou moins incliné. Voilà des caufes. Ainfi
d'un côté en obfervant la terre nous remarquons des effets ; & d'un autre côté en obfervant les planetes nous remarquons des
caufes.

Or, il eft évident que ces caufes doivent
produire dàns ces planetes des périodes qui
répondront à nos années, à nos faifons & à
nos jours. Ainfi nous defcendons des caufes
aux effets.

Mais puifque les effets font de la même
efpéce que ceux que nous obfervons fur la terre,
nous pouvons remonter des effets à la caufe &
donner à la terre un mouvement de rotation
& un mouvement de révolution autour du
foleil.

D'un côté, les effets font : *années , faifons,*
jours ; d'un autre, les caufes font , *rotation*
autour de l'axe , révolution autour du foleil ,
inclinaifon de l'axe.

Nous remarquerons ces caufes dans jupiter
Tom. III. P

& confidérant qu'elles y doivent produire des années , des faifons & des jours , nous concluons par analogie que la terre qui eſt comme jupiter , un globe fufpendu, n'a des années, des faifons & des jours que parce qu'elle a deux mouvements ; l'un de rotation autour de fon axe incliné , l'autre autour du foleil. Voilà la plus forte analogie.

C'eſt juger d'après l'évidence de raifon que de juger d'une caufe par un effet qui ne peut être produit que d'une feule maniere : lorſque l'effet peut être produit de plufieurs , c'eſt en juger par analogie que de dire : là , il eſt produit par telle caufe ; donc ici , il ne doit pas être produit par une autre.

Analogies qui viennent à l'appui. En pareil cas , il faut que de nouvelles analogies viennent à l'appui de la premiere. Or, il y en a deux qui prouvent le mouvement de la terre autour du foleil.

Vous verrez dans la fuite comment l'obfervation démontre que la terre eſt à une plus grande diſtance du foleil que vénus, & à une moindre que mars. Cela étant, rappellez vous les principes que nous avons établis & vous jugerez qu'elle doit employer à fa révolution moins de temps que mars , & plus que vénus. C'eſt précifément ce que l'obfervation confirme : car la révolution de vénus est de huit mois, celle de la terre d'un an , & celle de mars de deux.

La derniere analogie est tirée de cette regle de Képler : *les quarrés des temps périodiques sont proportionnels aux cubes des distances.* Disons donc :

Comme 729 , quarré de 27 , qui est le temps de la révolution de la lune est à 133225, quarré de 365 , qui est le temps de la révolution supposée faite par le soleil ; ainsi 216000, cube de 60 , qui est la distance de la lune en demi-diametres de la terre est à un quatrieme terme. Or , cette opération nous donneroit 39460356 dont la racine cubique est 340. La terre ne seroit donc éloignée du soleil que de 340 rayons. Or , il est démontré par l'observation , que sa distance est au moins trente fois plus grande. Il est donc également démontré que ce n'est pas le soleil qui tourne.

Sur quel fondement voudroit-on que la terre fût une exeption à une loi que l'observation & le calcul rendent générale ? le préjugé n'auroit pour lui que l'apparence , & par conséquent, il est sans fondement. Transportons nous successivement dans toutes les planetes :

P 2

elles nous paroîtront tour-à-tour chacune immobile , & le mouvement du soleil nous paroîtra plus ou moins rapide , à mesure que nous passerons de l'une dans l'autre. De saturne nous jugerons qu'il acheve sa révolution en 30 ans, de jupiter en 12 , de mars en 2 , de vénus en 8 mois, de mercure en 3 ; comme nous jugeons qu'il l'acheve autour de la terre en un an. Or, le soleil ne sauroit avoir tous ces mouvements à la fois, & il n'y a pas plus de raison pour lui attribuer celui qui est apparent de la terre que celui qui le seroit de toute autre planete. Comme nous voyons d'ici l'erreur où seroit un habitant de jupiter , qui se croiroit immobile; il voit également que nous nous trompons, si nous jugeons que tout tourne autour de nous.

De toutes les planetes il n'y a que mercure dont la révolution autour du soleil échappe aux yeux des observateurs. Le voisinage où il est de cet astre en est cause : mais l'analogie, soutenue par les principes que nous avons établis , ne permet pas d'en douter. Cette planete tomberoit dans le soleil , si elle n'étoit emportée d'un mouvement rapide autour de cet astre.

Analogie qui n'est fondée   Saturne & mercure sont les deux seules planetes dont on n'a pas encore pu observer la rotation : mais nous pouvons la suppofer par analogie.

que fur des rapports de reffemblances

Peut être la rotation doit-elle être l'effet de la révolution de faturne autour du foleil, & de celle de fes fatellites autour de lui-même ; cependant cela n'eft pas démontré. Ainfi l'analogie ne conclut point ici de l'effet à la caufe, ni de la caufe à l'effet : elle ne conclut que fur des rapports de reffemblance : elle a donc moins de force.

Il pourroit abfolument fe faire que faturne tournât autour du foleil, comme la lune autour de la terre, en lui préfentant toujours le même hémifphere, & alors, fon mouvement de rotation feroit extrêmement lent. Mais il y a une confidération qui femble détruire cette fuppofition : c'eft que dans l'éloignement où il eft du foleil, fes hémifpheres ont encore plus befoin d'être fucceffivement éclairés. Ce befoin eft même une preuve d'autant plus forte, qu'on ne peut pas imaginer que l'auteur de la nature ne l'ait pas fait tourner plus rapidement fur fon axe ; lui qui a pris les précautions de lui donner plufieurs fatellites & un anneau lumineux.

Quant à la rotation de mercure, elle eft également fondée fur l'analogie, & fur ce que

P 3

d'ailleurs le voifinage du foleil femble demander que le même hémifphere ne foit pas continuellement expofé à l'ardeur des rayons.

Ajoutons à ces confidérations, que la rotation dans les planetes où nous l'obfervons, eft l'effet de quelque loi qui agit également fur toutes. Quelle que foit donc cette loi, elle doit à peu de chofes près produire les mêmes phénomenes dans mercure & dans faturne, qu'elle produit ailleurs. Car tout fyftême fuppofe un même principe qui agit fur toutes les parties, & qui, par conféquent, produit par-tout des effets du même genre.

Analogie fondée fur le rapport à la fin.

Nous avons vu une analogie qui conclut de l'effet à la caufe, ou de la caufe à l'effet: nous en avons vu une autre qui conclut fur des rapports de reffemblance : il y en a une troifieme qui conclut fur le rapport à la fin.

Elle prouve que les planetes font habités.

Si la terre a une double révolution, c'eft afin que fes parties foient fucceffivement éclairées & échauffées : deux chofes qui ont pour fin la confervation de fes habitants. Or, toutes les planetes font fujettes à ces deux révolutions. Elles ont donc également des habitants à conferver.

Cette analogie n'a pas autant de force que

celle qui est fondée sur le rapport des effets
aux causes. Car ce que la nature fait ici pour
une fin, il se peut qu'elle ne le permette ailleurs, que comme une suite du systême général. Cependant sur quoi jugeons nous que tout
est subordonné à la terre ? sur les mêmes raisons que nous jugerions tout subordonné à saturne, si nous l'habitions. Or, des raisons qui
prouvent également pour toutes les planetes ne
prouvent pour aucune. Il ne faut donc pas
croire que le systême de l'univers n'ait pour fin
qu'un atôme, qui paroît se perdre dans l'im-
mensité des cieux ; & ce seroit attribuer des
vues bien petites à la nature, que de penser
qu'elle n'a placé tous les points lumineux au-
dessus de nos têtes, que pour faire un spec-
tacle digne de nos regards. D'ailleurs pourquoi
en a-t-elle créé que nous avons été si long-
temps sans appercevoir, & tant d'autres vraisemblablement que nous n'appercevrons jamais ? ces opinions sont trop vaines & trop
absurdes.

Il est donc prouvé que les cieux ne sont
pas un immense désert, créé seulement pour
une vue aussi courte que la nôtre. L'analogie
ne permet pas de douter lorsque vous con-
sidérez la chose en général : mais si vous voulez juger de telle planete, de vénus, par exemple, l'analogie n'a plus la même force ; car

P 4

rien ne vous démontre qu'il n'y a pas d'exception, & que l'exception ne tombe pas sur vénus. Cependant il seroit encore plus raisonnable de la supposer habitée.

Elle ne prouve pas le même que les cometes le font.

Mais quel jugement porterons-nous des cometes ? il me semble que l'analogie ne nous en approche pas encore assez : nous les connoissons trop peu. Les grandes variations qui leur arrivent dans leur passage de l'aphélie au périhélie , ne nous permettent pas de comprendre comment les habitants pourroient s'y conserver.

Quant au soleil, ou plutôt à tous les soleils que nous nommons étoiles fixes, on peut se borner à juger qu'ils sont subordonnés aux mondes qu'ils éclairent & qu'ils échauffent.

Exemple où les différents degrés d'analogie sont rendus sensibles.

Je joindrai encore un exemple , afin de vous faire mieux sentir tous les différents degrés d'analogie.

Je suppose deux hommes qui ont vécu si séparés du genre humain , & si séparés l'un de l'autre, qu'ils se croient chacun seul de leur espece. Il faut me passer la supposition toute violente qu'elle est. Si la premiere fois qu'ils se rencontrent, ils se hâtent de porter l'un de l'autre ce jugement , *il est sensible*

comme moi, c'est l'analogie dans le degré le plus
foible: elle n'est fondée que sur une ressemblance qu'ils n'ont points encore assez étudiée.

Ces deux hommes, que la surprise a d'abord
rendus immobiles, commencent à se mouvoir,
& l'un & l'autre raisonnent ainsi : *le mouve-*
ment que je fais est déterminé par un prin-
cipe qui sent : mon semblable se meut. Il y a
donc en lui un pareil principe. Cette conclusion est appuyée sur l'analogie, qui remonte
de l'effet à la cause ; & le degré de certitude
est plus grand, que lorsqu'elle ne portoit que
sur une premiere ressemblance : Cependant ce
n'est encore qu'un soupçon. Il y a bien des choses qui se meuvent, & dans lesquels il n'y a
point de sentiment. Tout mouvement n'a donc
pas avec le principe sentant le rapport nécess-
saire de l'effet à la cause.

Mais si l'un & l'autre dit : *je remarque dans*
mon semblable des mouvements toujours rela-
tifs à sa conservation ; il recherche ce qui lui
est utile, il évite ce qui lui est nuisible, il em-
ploye la même adresse, la même industrie que
moi, il fait, en un mot, tout ce que je fais moi-
même avec réfléxion. Alors il lui supposera avec
plus de fondement le même principe de sentiment qu'il apperçoit en lui-même.

S'ils confidérent enfuite qu'ils fentent & qu'ils fe mouvent l'un & l'autre par les mêmes moyens ; l'analogie s'élevera à un plus haut degré de certitude : car les moyens contribuent à rendre plus fenfible le rapport des effets à la caufe.

Lors donc que chacun remarque que fon femblable à des yeux, des oreilles, il juge qu'il reçoit les mêmes impreffions par les mêmes organes, il juge que les yeux lui font donnés pour voir, les oreilles pour entendre, &c. Ainfi comme il a penfé que celui qui fait les mêmes chofes que lui, eft fenfible ; il le penfe encore avec plus de fondement, lorfqu'il voit en lui les mêmes moyens pour le faire.

Cependant ils s'approchent, ils fe communiquent leurs craintes, leurs efpérances, leurs obfervations, leur induftrie, & ils fe font un langage d'action. Ni l'un ni l'autre ne peut douter que fon femblable n'attache aux mêmes cris & aux mêmes geftes les mêmes idées que lui. L'analogie a donc ici une nouvelle force. Comment fuppofer que celui qui comprend l'idée que j'attache à un gefte, & qui par un autre gefte en excite un autre en moi, n'a pas la faculté de penfer ?

Voilà le dernier degré de certitude, où l'on

peut porter cette proposition , *mon semblable pense*. Il n'est pas nécessaire que les hommes sachent parler , & le langage des sons
articulés n'ajouteroit rien à cette démonstration. Si je suis sûr que les hommes pensent,
c'est parce qu'ils se communiquent quelques
idées, & non parce qu'ils s'en communiquent
beaucoup : le nombre ne fait rien à la chose.
Qu'on suppose un pays où tous les hommes
soient muets, jugera-t-on que ce sont des au-
tomates ?

Les bêtes sont-elles donc des machines ?
il me semble que leurs opérations, les moyens
dont elles opèrent , & leur langage d'action
ne permettent pas de le supposer ; ce seroit
fermer les yeux à l'analogie. A la vérité, la démonstration n'est pas évidente ; car Dieu pourroit faire faire à un automate tout ce que nous
voyons faire à la bête la plus intelligente, à
l'homme qui montre le plus de génie : mais
on le supposeroit sans fondement.

LIVRE CINQUIÈME.

Du concours des conjectures & de l'a-
nalogie avec l'évidence de fait &
l'évidence de raison ; ou par quel-
le suite de conjectures, d'observa-
tions, d'analogies & de raisonne-
ments on a découvert le mouve-
ment de la terre, sa figure, son
orbite, &c.

Combien les hommes sont portés à rai-sonner par préjugés.

L e peuple croit aux prédictions des éclipses, comme il croit à la pluie & au beau-temps que lui promettent les astrologues. Pour donner sa confiance en pareil cas, il ne demande pas de comprendre comment les choses arrivent ; c'est assez qu'il ne puisse pas imaginer pourquoi elles n'arriveroient pas, &

plus elles font extraordinaires, plus il eſt
porté à les croire. Mais ſi on lui dit : *la
terre tourne, le ſoleil eſt fixe*, &c. il penſe
ou qu'on lui en impoſe ou qu'on extravague.
Il eſt crédule par ignorance & incrédule par
préjugé.

Tout homme eſt peuple. Nous voulons pe-
ſer les opinions, & nous n'avons que de fauſſes balances : nous ne jugeons du vrai & du
faux que par des idées qui ſont en nous, ſans
que nous ſachions comment elles y ſont. L'habitude nous entraîne, & laiſſe la raiſon bien
loin derriere nous. Vous verrez le philoſophe
lui-même croire plus qu'il ne doit croire, rejeter plus qu'il ne doit rejeter, & donner
une propoſition pour certaine ; non parce qu'il
comprend comment elle eſt vraie, mais parce qu'il ne comprend pas comment elle ſeroit fauſſe. C'eſt encore un coup, le peuple
qui croit à la pluie, parce qu'il ne voit pas
pourquoi l'almanach le tromperoit.

C'eſt dans les recherches, où les conjectures concourent avec l'évidence de fait & avec
l'évidence de raiſon, que nous trouverons des
exemples de ces ſortes de raiſonnements. Mon
deſſein eſt de vous garantir des écueils, où les
plus grands eſprits ont échoué. Je crois que

rien n'y eft plus propre que les recherches
qu'on a faites fur la figure de la terre, fur fon
mouvement & fur quelques autres phénomenes qui dépendent de l'un & de l'autre. Ce font
d'ailleurs des chofes qui entrent dans le plan
de votre éducation, & dont il faudroit tôt ou
tard vous inftruire.

CHAPITRE PREMIER.

*Premieres tentatives fur la figure de
la terre.*

Il faut d'abord dans ces fortes de queſtions
diſtinguer l'apparence de fait , de l'évidence
de fait. Sans cela on précipitera ſes jugemens,
& on prendra une erreur pour une vérité. La
révolution, par exemple, du ſoleil autour de
la terre, n'eſt qu'une apparence de fait, & c'eſt
une évidence de raiſon , que ce phénomene
peut être produit de deux manieres ; par le
mouvement du ſoleil, ou par celui de la terre.
De là, naiſſent naturellement deux ſyſtêmes, &
il faut obſerver juſqu'à ce qu'on ait des motifs ſuffiſants pour préférer l'un à l'autre.

Comme les apparences nous trompent ſur
le mouvement de la terre, elles nous trompent
auſſi ſur ſa figure. En effet, elle paroît d'abord
comme une ſurface plate , ſans mouvement ,

*Comme la
terre paroît
immobile, elle
paroît une ſur-
face plate.*

& placée dans le lieu le plus bas du monde; en forte qu'on n'imagine pas ce que le foleil devient, lorfqu'il fe couche, & comment, au bout de quelques heures, il reparoît vers un point diametralement oppofé : mais quelques obfervations ont infenfiblement détruit des préjugés que plufieurs philofophes partageoient avec le peuple.

On remarqua que la fphere célefte paroît tourner autour d'un point fixe, qu'on appella le pole du monde. Or, cette apparence peut provenir ou de ce que les cieux fe meuvent en effet fur l'axe de la terre, ou de ce que la terre fe meut fur elle-même, en dirigeant toujours fon pole vers le même point du ciel. Mais il n'étoit pas encore temps de former des conjectures fur cette queftion : il falloit auparavant en former fur la figure de la terre.

Comment on a jugé que fa furface eft convexe dans la direction du levant au couchant.

Il faut confidérer que fi vous élevez circulairement un corps fur une furface plane, le moment de fa plus grande ou de fa plus petite élévation fera le même pour tous les points de cette furface ; au lieu que fi vous le faites mouvoir autour d'un globe, le moment de fa plus grande élévation par rapport à un point, fera précifément celui de fa plus petite élévation

tion par rapport à un autre. Or, on remarque
facilement que le moment de la plus grande
élévation du foleil n'eſt pas le même pour
tous les lieux de la terre ; on vit au contraire,
qu'il arrive plutôt pour ceux qui font vers le
côté où le foleil ſe leve, & plus tard pour
ceux qui font vers le côté oppoſé ; & on conclut avec fondement que la terre, dans la direction du levant au couchant, eſt une furface
convexe.

On obſerva le cours du foleil, & on n'eut
pas de peine à remarquer qu'en faiſant chaque jour une révolution, il va alternativement
dans la direction d'un pole à l'autre. Je dis
en *faiſant* ; car alors il ne s'agiſſoit pas encore de diſtinguer l'apparence du fait.

Comment au-
deſſus de cet-
te furface on
traça une por-
tion des tro-
piques,

On obſerva dans les cieux le point où le
foleil, s'étant approché du nord, rétrograde
vers le midi ; & celui, où s'étant approché
du midi, il rétrograde vers le nord. On vit
que cet aſtre arrivé au point du nord, décrit,
en une révolution diurne, un arc dans les
cieux, on vit, qu'arrivé au point du midi,
il en décrit un ſemblable & parallele ; &
on eut la moitié de ces deux cercles que
nous nommons *tropiques*, d'un mot qui ſi-
gnifie *retour*.

Tom. III. Q

A une égale diftance des tropiques , & dans
direction parallele , on traça de la même maniere la moitié de ce grand cercle , qu'on
nomme équateur, parce qu'il partage la fphere
célefte en deux parties égales.

On ne tarda pas d'obferver que le foleil au
moment de fa plus grande élévation , eft à
l'oppofite du pole du monde. Alors on eut
deux points oppofés , & en tirant une ligne
de l'un à l'autre, on traça une partie du méridien. C'eft ainfi qu'on nomme un grand cercle qui partage le ciel en deux , & auquel le
foleil arrive à midi. Le méridien tombe perpendiculairement fur l'équateur , & coupe les
tropiques à angles droits.

Il falloit tra-
cer des routes
dans les
cieux, avant
d'en tracer
fur la terre.

L'objet de ces obfervations étoit de tracer
dans les cieux des routes qu'on ne pouvoit pas
encore tracer fur la terre, & de diftinguer les
différentes faifons de l'année par le cours du
foleil. Vous fentez qu'il falloit pour cela avoir
des points fixes dans les cieux. Car la terre
étant inconnue à fes habitants, on ne pouvoit
juger de la pofition de fes différentes parties , qu'en cherchant dans les cieux les points
auxquels chacune correfpondoit. Dès qu'en eut
la méridienne , on put aller directement au
nord ou au midi, en fuivant directement cette

ligne ; & on put aller partout ailleurs , en
remarquant le degré d'obliquité avec lequel
elle étoit coupée par les différents chemins
qu'on vouloit prendre.

Or , en voyageant dans la direction du méridien , on s'apperçut que les étoiles qu'on
voyoit au-devant de foi, s'élevoient au-deſſus
de la tête, & qu'il en paroiſſoit de nouvelles, tandis que celles qu'on laiſſoit derriere
foi, s'abaiſſoient, & que quelques unes même
diſparoiſſoient. De ce fait évident , on tira une
conſéquence évidente ; c'eſt qu'on avoit voyagé
fur une furface courbe.

Comment on jugea que la furface de la terre eſt con-vexe dans la direction des méridiens.

C'étoit une ſuite des obſervations, qu'il y
eût autant de méridiens que de lieux, & que
tous les méridiens concouruſſent au pole
du monde. Par là il fut prouvé que l'hémifphere eſt convexe felon deux dimenſions perpendiculaires l'une à l'autre. En conféquence
on abaiſſa les lignes qu'on avoit décrites dans
les cieux, & on eut fur la terre des méridiennes, & des arcs qui, paralleles à l'équateur,
diminuent à proportion qu'ils approchent du
pole , en forte que le dernier coïncide avec
le point où les méridiennes concourent.

Idée qu'on fe fait de l'hé-mifphere.

Dès que les méridiennes concourent aux

Q 2

poles, c'est une conséquence, qu'elles se rapprochent à mesure qu'elles s'étendent de l'é-
quateur au point du concours. Traçons donc
maintenant sur notre hémisphere un certain
nombre de méridiennes, & suppofons que vous
voyagez dans une direction perpendiculaire à
ces lignes, c'est à-dire, dans un des arcs paralleles à l'équateur.

Il est évident que fuivant la grandeur de ces
arcs, qui mefurent la diftance d'un méridien
à l'autre le moment de la plus grande ou de
la plus petite élévation des aftres, arrivera pour
vous plutôt ou plus tard. Car le chemin que
vous aurez à faire, fera plus court ou plus
long à proportion que vous voyagerez plus
près ou plus loin des poles. C'est ainfi qu'on
fe confirma que la terre eft convexe dans la
direction de la méridienne & dans celle de
l'équateur.

Comment on
imagina un
autre hémi-
fphere. Le mouvement diurne & apparent des cieux
mettoit dans la néceffilé d'imaginer un autre
hémifphere à la terre. On le conjectura également convexe, parce qu'on n'avoit pas de
raifon pour l'imaginer autrement. Dès-lors on
alla vîte de conjecture en conjecture. On dit,
s'il y a un autre hémifphere, il eft tout comme
le nôtre, les cieux tournent pour tous deux,

& ils font également habités : paradoxe qui parut déraifonnable au peuple, hardi au philofophe, impie au théologien qui crut qu'un autre hémifphere étoit un autre monde.

A la vérité ce n'étoit encore là qu'un foupçon. Si le lever & le coucher du foleil démontroient l'exiftence d'un autre hémifphere, ils n'en démontroient pas la forme. On ne l'imaginoit convexe que parce qu'on n'avoit pas de raifon de le croire différent de celui qu'on habitoit ; & on le jugeoit habité parce que dès qu'une fois l'imagination fuppofe des reffemblances, elle les fuppofe parfaites. Ce jugement étoit vrai ; mais on ne pouvoit pas encore s'en affurer : il choquoit les préjugés ; & l'imagination, qui s'étoit hâtée de le porter, étoit bien embarraffée à le défendre.

L'opinion des antipodes n'étoit encore qu'une conjecture.

Ce raifonnement, *l'autre hémifphere eft femblable au nôtre, parce que nous n'avons pas de raifon de l'imaginer autrement ; & s'il eft femblable au nôtre, il peut être habité, & il l'eft en effet* : ce raifonnement, dis-je, nous donne l'idée d'une conjecture qui eft dans le moindre degré. Cette efpece de conjecture vient immédiatement après celles qui font abfurdes ; parce qu'il n'y a rien qui la détruife ; & elle vient immédiatement avant celles qui sont prouvées, parce qu'il n'y a rien qui l'établisse. Elle n'a pour elle, que de n'être pas démontrée fausse.

On peut & on doit même se permettre de pareilles conjectures ; car elles donnent lieu à des observations : mais il ne leur faut donner aucun degré de certitude, & il faut les regarder comme des suppositions, jusqu'à ce que l'évidence de fait, celle de raison, ou l'analogie les ayent prouvées. Nous allons voir par quelle suite de degrés la conjecture des antipodes va s'élever à la démonstration.

Comment on jugea que la terre est ronde. Les progrès de l'astronomie furent lents. On fut long-temps sans doute avant de reconnoître l'ombre de la terre dans les éclipses de lune ; & vraisemblablement cette découverte a été faite par un philosophe qui étoit prévenu, que la terre pourroit être ronde : elle ne permit plus d'en douter.

D'où on conclut que toutes les parties pesent également vers le même centre. Alors on commença à comprendre que toute la terre peut être habitée. Car dès qu'elle est ronde, il faut que les corps pesent sur toute sa surface, comme ils pesent sur notre hémisphere. Il est évident qu'il n'y a que l'équilibre de toutes ces parties qui puisse lui conserver la rondeur ; & on conçoit que l'équilibre aura lieu, si elles pesent toutes égalment vers un même centre.

Aussitôt on regarda comme une chose hors de doute que les corps pesent par-tout également, & tendent par-tout vers un même centre. On le crut ainsi, non qu'on eût des raisons pour assurer cette uniformité de pesanteur, & de direction ; mais uniquement parce qu'on n'avoit point encore de raison pour juger que la direction & la pesanteur variassent suivant les lieux. C'est cette conduite des philosophes qu'il faut observer, si l'on veut apprécier leurs raisonnemens, & être en garde contre les jugemens qu'ils portent avec trop de précipitation. En effet, ils ont conclu à cette occasion plus qu'ils ne dévoient conclure : car nous verrons bientôt que l'équilibre peut subsister & subsiste, quoique la pesanteur & la direction varient d'un lieu à un autre.

Cependant quoique leur théorie les eût jettés dans une erreur, elle suffisoit pour détruire la principale difficulté de l'imagination contre les antipodes : les loix de la pesanteur étoient assez connues pour faire comprendre qu'on n'a pas la tête en bas dans un hémisphere plutôt que dans un autre, & on peut

& on comprit comment l'autre hémisphere peut être habité.

Q 4

prévoir qu'il seroit possible un jour de voyager dans des pays qui paroissoient fabuleux.

On en fut
convaincu.

Cependant jusqu'à ce qu'on eût fait le tour
de la terre, l'existence des antipodes n'étoit
qu'une conjecture plus ou moins forte ; aussi
fut-elle condamnée par des théologiens. Mais
si c'étoit un crime de croire aux antipodes ;
quel crime ne devoient pas commettre ceux qui
entreprirent d'y voyager ? Ce dernier cependant
fit pardonner l'autre, & l'on eut la bonne foi de
se rendre à l'évidence de fait.

Alors on ima-
gina la terre
parfaitement
sphérique.

A peine eut-on lieu de juger que la terre
est ronde, qu'on se hâta de la juger sphérique.
Il parut naturel de lui supposer cette figure :
premierement, parce qu'on n'avoit pas encore
assez de raison pour en imaginer une autre. En
second lieu, parce que c'est de toutes les figures rondes, celle que l'esprit saisit le plus
facilement. Si de pareils raisonnements ne
prouvent rien, ils persuadent. Aussi n'est-ce
que dans ces derniers temps, qu'on a commencé à former des doutes sur la sphéricité
de la terre.

Preuve qu'on
crut en don-
ner.

Un principe, adopté sans preuve, jetta dans
l'erreur. On supposa gratuitement que tous
les corps pesent également vers le centre de

la terre , & on fit ce raifonnement : fi notre
globe étoit compofé d'une matiere fluide , toutes les colonnes feroient égales, tous les points
de la furface feroient à une même diftance
d'un centre commun , & toutes les parties de
ce fluide s'arrangeroient pour former une
fphere parfaite.

Ce raifonnement eft vrai , dans la fuppofition où la pefanteur feroit égale dans toute
la circonférence du globe. On n'en doutoit
pas ; on continuoit donc. La mer couvre la
plus grande partie de la terre ; la furface
en eft donc fphérique ; & puifque le conti-
nent s'éléve peu au-deffus du niveau de
la mer , il eft prouvé que la terre eft une
fphere.

Tous les efprits font conféquents ; on le dit ——
du moins : mais les philofophes femblent prou- On ne raifon-
ver fouvent le contraire. Si l'on fe fût contenté noit pas conde dire : la terre eft à peu près ronde ; fon féquemment.
ombre vue fur la lune, & la pefanteur des corps
fuffifoient pour le prouver. Mais qu'eft de-
venu l'efprit conféquent , lorfqu'on la jugée
fphérique ? Cet exemple vous fera voir comment on donne aux conféquences plus d'étendue qu'aux principes ; & plus vous étudierez
la maniere de raifonner des hommes , plus
vous ferez convaincu qu'ils concluent prefque

toujours trop ou trop peu. Au reste j'ai oublié de
vous rapporter une des raisons qui a fait juger que
le monde est une sphere ; c'est dit-on, que la rondeur est la figure la plus parfaite. Ne trouverez vous pas ce principe bien lumineux ?
mais supposons que la terre est parfaitement
ronde , & voyons comment on est parvenu à
la mesurer , & à ne savoir plus quelle figure
lui donner.

CHAPITRE II.

Comment on est parvenu à mesurer les cieux, & puis la terre.

Aussitôt qu'on jugea que la terre est ronde, on continua ces courbes qu'on avoit tracées au-dessus de notre hémisphere, & on acheva les cercles commencés. Vous comprenez qu'il suffisoit pour cette opération de remarquer des points fixes dans les cieux.

Comment on se represente le plan de l'équateur , & celui du méridien.

Imaginez actuellement des rayons tirés du centre de la terre à tous les points de la circonférence de l'équateur , & prolongez-les à toute distance : par ce moyen vous vous représenterez l'équateur comme un plan qui coupe notre globe & les cieux en deux parties égales. De la même maniere vous concevrez chaque méridien comme un plan, qui les partage également en deux, & qui tombe perpendiculairement sur le plan de l'équateur.

Vous vous faites une idée de l'horiſon, lorſque, placé dans une campagne, vous regardez
tout autour de vous, & qu'imaginant un plan
dont vous êtes-le centre, vous partagez le ciel
ſupérieur du ciel inférieur. Voilà ce qu'on
nomme *l'horiſon ſenſible.*

Ce plan touche la terre dans le point où vous
êtes arrêté : mais vous pouvez vous repréſenter un plan parallele qui partagera le globe en
deux hémiſpheres égaux : ce plan eſt ce qu'on
nomme *l'horiſon vrai* ou *rationnel.*

Si vous conſidérez que la terre eſt un point
par rapport aux étoiles, vous jugerez que ces
deux horiſons ſe confondent en un ſeul. N'a-
vez vous pas quelquefois remarqué, que lorſque vous vous placez à l'extrémité d'une allée
fort longue vous voyez les deux côtés inſen-
ſiblement ſe rapprocher, en ſorte que la diſtance des deux derniers arbres devenant nulle,
ils ſont par rapport à vous dans la même poſition l'un & l'autre, ſoit que vous les re-
gardiez le long de la rangée qui eſt à droite,
ou le long de la rangée qui eſt à gauche ? c'eſt

Fig. 46.

ainſi qu'une étoile, obſervée du point *a* ou
du point *c*, vous paroîtra toujours au même
endroit du ciel.

Vous concevez comment vous changez d'horifon en changeant de lieu , & par conféquent il y a autant d'horifons que de points fur la furface de la terre.

Placez-vous fur l'équateur, vous voyez que le plan de l'horifon fait un angle droit avec le plan de l'équateur. Tranfportez vous au pole, le plan de l'équateur & celui de l'ho- rifon coincideront. Enfin à différentes diftan- ces de l'équateur ou du pole, ces deux plans feront des angles différents. Cela étant, vous jugerez des différentes diftances où vous ferez du pole ou de l'équateur, fi vous trouvez un moyen pour mefurer les angles de deux plans.

L'angle du plan de l'ho- rifon avec le plan de l'é- quateur déter- mine le degré de latitude où l'on eft.

Dans cette vue on divife le méridien, ainfi que tous les cercles de la fphere en 360 de- grés, chaque degré en 60 minutes, chaque minute en 60 fecondes, chaque feconde en 60 tierces, &c.

Comment on mefure cet angle.

Vous comprenez qu'un angle, qui a fon fommet dans le centre d'un cercle, a diffé- rentes grandeurs, fuivant le nombre des de- grés contenus dans l'arc oppofé au fommet. Que le cercle foit plus grand ou plus petit vous déterminez toujours également la valeur de l'angle : feulement les degrés feront plus ou moins grands & les côtés de l'angle plus ou

moins longs. L'angle A C B eſt le même, ſoit
que vous le meſuriez ſur le cercle A B D, ou
ſur le cercle *a b d*.

Vous pouvez imaginer une ligne tirée d'un
pole à l'autre. C'eſt ſur cette ligne que les
cieux paroiſſent ſe mouvoir : & on la nomme,
par cette raiſon, l'axe du monde. Voulez vous
donc connoître à quelle diſtance les poles ſont
de l'équateur ? Conſidérez les angles que l'axe
fait avec le diametre de ce grand cercle, &
vous verrez ſenſiblement que le méridien eſt
partagé en quatre parties égales. La meſure de
chacun de ces angles eſt donc le quart de 360,
c'eſt-à-dire, 90 degrés.

Comment on détermine la poſition des lieux par rapport au pole, ou par rapport à l'équateur. Pour découvrir la poſition des lieux qui ſont
entre le pole & l'équateur, on ſe ſert d'un
quart de cercle diviſé en degrés, en minutes,
&c. & on ſuppoſe l'obſervateur au centre de la
terre. Il fixe le pole ; dirigeant enſuite ſa vue
le long d'un rayon qui s'éleve, par exemple,
au-deſſus de Parme ; il fixe dans le ciel le
point où ce rayon va ſe terminer. Par cette
opération, il voit, ſur ſon quart de cercle, la
grandeur de l'arc du méridien. Il n'a plus qu'à
compter pour s'aſſurer que Parme eſt à 45
degrés 10′ du pole, &, par conſéquent, à 44
degrés 50′ de l'équateur.

Vous me direz que l'obſervateur ne peut

pas être placé au centre de la terre. Il s'agit
donc de voir comment, étant placé sur la surface, le résultat des calculs sera le même.

Parme est au point *p*. Or, si vous prolongez
jusques dans les cieux la ligne *cp*, nous aurons
une ligne perpendiculaire à notre horison, &
le point *z* où elle se termine, sera le zénith de
Parme. Sur quoi je vous ferai remarquer, que
chaque lieu a son zénith comme son horison.
Si de l'autre côté vous prolongez cette même
ligne, N diametralement opposé à *z*, est ce
qu'on nomme *nadir*.

Dans la supposition de la sphéricité de la
terre, tous les corps pesent vers le centre *c*.
Nous découvrirons donc notre zénith, en observant la direction d'un fil auquel un plomb
sera suspendu. Ce fil coïncidera nécessairement
avec la ligne *z p c*.

C'est évidemment la même chose d'obser-
ver le zénith de *p* ou de *c*. Mais puisque l'horison sensible & l'horison vrai se confondent en
un seul, il est donc indifférent d'être en *p* ou
en *c*, pour observer le pole. Par conséquent,
il n'y aura point d'erreur à supposer que l'angle
z c E est le même que l'angle z p E. C'est ainsi
que, de la surface de la terre, on mesure avec
la même exactitude que du centre.

Fig. 4.

Vous voyez comment on détermine la diftance, où un lieu eft de l'équateur : cette diftance eft ce qu'on nomme latitude. Parme eft
à 44 degrés 50´ de latitude.

Comment on
détermine le
degré de lon-
gitude d'un
lieu. Pour achever de marquer la pofition des
lieux, il refte à déterminer la fituation ref-
pective où ils font par rapport à l'orient ou au
couchant. Il eft évident que, dans ce cas, nous
pouvons mefurer les degrés fur l'équateur,
comme dans le précédent nous les avons me-
furés fur le méridien : il n'y a qu'à déterminer
un point d'où on puiffe compter, & c'eft ce
qu'on fait en choififfant un méridien, qu'on
regarde comme le premier. La diftance où les
lieux font de ce premier méridien, fe nomme
longitude, & fe compte fur l'équateur d'occident
en orient, ou fur les cercles parallèles. Au refte,
le choix du premier méridien eft indifférent : les
François le font paffer par l'île de fer, les Hol-
landois par le Pic de Téneriffe, & chaque aftro-
nome, par le lieu d'où il fait fes obfervations.

La longitude eft donc la diftance d'un premier méridien à un autre : mais la diftance entre deux méridiens n'eft pas la même par-tout :
elle eft plus grande fur l'équateur, elle diminue
fur les cercles parallèles. Cela eft évident,
puifque tous les méridiens concourent au
pole.

Si

Si la terre étoit parfaitement ronde, on
pourroit déterminer dans quelle proportion les
degrés de longitude diminuent à mesure qu'on
va de l'équateur au pole. Mais vous verrez
que l'incertitude où nous sommes de sa figure,
ne permet pas de déterminer, avec précision,
ni les degrés de longitude, ni même ceux de
latitude. Parme est à 18 degrés, 27', 50" de
longitude. Mais quelle est la vraie mesure de
ces degrés ? c'est ce qu'on ne fait pas exactement.

CHAPITRE III.

Comment on a déterminé les différentes saisons.

═══════

Les faisons. ON divise l'année en quatre faisons. La plus chaude se nomme *été* ; la plus froide *hiver* ; celle qui sépare l'hiver de l'été, *printemps* ; & celle qui sépare l'été de l'hiver, *automne.*

L'écliptique. Ces faisons dépendent du cours du soleil; cet astre, comme je l'ai déja dit, va & revient d'un tropique à l'autre. En observant sa route, on lui voit décrire, d'occident en orient, un cercle qui coupe l'équateur, & fait avec lui un angle de 23 degrés & demi, ou environ : ce cercle se nomme *l'écliptique.*

L'année. Le soleil ne s'écarte jamais de l'écliptique. Il est 365 jours, 5 heures, 49 minutes à revenir au point d'où il est parti, & cet intervalle se nomme *année*. Mais parce qu'on néglige les cinq heures & les quarante-neuf minutes, on ajoute tous les quatre ans un jour, & on fait une année de 365 jours. C'est l'année bissextile. Cette addition d'un jour étant trop grande de douze minutes par an, l'année, après quatre siecles, auroit trois jours de trop ; & pour se retrouver au cours du soleil, il faut avoir retranché les trois jours sur les trois années qui auroient été bissextiles.

Les planetes se meuvent aussi d'occident en orient dans des orbites qui coupent l'écliptique en deux parties égales. Leurs révolutions s'achevent entre deux cercles paralleles à l'écliptique, dont l'un est à huit degrés au midi, & l'autre à huit degrés au nord.

On se représente l'intervalle, qui est entre ces trois cercles, comme une bande large de 16 degrés : on partage toute la circonférence de cette bande en 12 parties de 30 degrés ; chacune est distinguée par un signe différent, c'est-à-dire, par un certain assemblage d'étoiles. Cette bande est ce qu'on nomme le zodiaque.

Le zodiaque.

Dans la partie septentrionale, le soleil commence le printemps, lorsqu'il est au premier degré du belier : l'été, lorsqu'il décrit le tro-

Différence des saisons suivant le cours du soleil.

R 2

pique du cancer : l'automne , lorfqu'il entre dans la balance : l'hiver , lorfqu'il parcourt le tropique du capricorne.

Dans la partie méridionale, l'été répond à l'hiver , le printemps à l'automne & réciproquement.

Vous voyez que l'été eft la faifon où le foleil approche le plus de notre zénith. Alors il eft plus long-temps fur l'horifon, & fes rayons tombent moins obliquement : ce font deux caufes de la chaleur ; mais ce ne font pas les feules. En hiver, cet aftre eft moins long-temps fur l'horifon , & fes rayons font fort obliques. Il répand donc moins de chaleur, encore eft-elle détruite en partie par la longueur des nuits.

Entre les deux tropiques , il n'y a proprement que deux faifons, l'hiver & l'été. Lorfque le foleil approche du zénith de quelque lieu , il tombe des pluies prefque continuelles qui diminuent la chaleur ; & on regarde ce temps comme l'hiver : lorfque le foleil s'éloigne , les pluies diminuent, la chaleur augmente , & on regarde ce temps comme l'été.

CHAPITRE IV.

Comment on explique l'inégalité des jours.

LA durée du jour dépend du temps que le soleil est sur l'horifon. Le jour commence lorfque le foleil fe montre au-deffus de l'ho- rifon. Il finit, lorfque cet aftre defcend au- deffous : car l'horifon partageant la terre en deux hémifpheres égaux, vous ne fauriez voir le foleil, lorfqu'il éclaire l'hémifphere op- pofé.

Le jour con-
fidéré par op-
pofition à la
nuit.

Placez vous fur l'équateur ; votre horifon coupera ce cercle & fes paralleles en deux moitiés ; l'une fupérieure, l'autre inférieure. Il vous cachera donc la moitié de la révolution diurne du foleil : cet aftre fera 12 heures au- deffus de l'horifon, 12 heures au-deffous ; & tous les jours de l'année feront égaux aux nuits. Cette pofition où l'horifon coupe

Sphere droite
qui donne les
jours égaux
aux nuits.

R 3

l'équateur à angles droits se nomme *sphere droite*.

Sphere parallele qui donne six mois de jour & six mois de nuit.

Si vous vous transportés sous l'un des poles, votre horifon se confondra avec l'équateur ; vous ne verrez le foleil que pendant qu'il parcourra une moitié de l'écliptique, & il vous sera caché pendant qu'il parcourra l'autre moitié. L'année sera donc partagée pour vous en un jour & une nuit, l'un & l'autre de six mois. Cette pofition se nomme *fphere parallele.*

Sphere oblique qui donne les jours inégaux.

Enfin fi vous vous fuppofez entre le pole & l'équateur, le plan de ce cercle sera coupé obliquement par le plan de votre horifon. Dans cette fuppofition l'équateur fera partagé en deux parties égales ; mais les cercles paralleles feront partagés inégalement. Pour nous, par exemple, il y a une plus grande partie des cercles feptentrionaux au-deffus de l'horifon, & une plus petite des cercles méridionaux. un coup d'œil fur un globe vous rendra cela plus fenfible, que toutes les figures que je pourrois vous tracer ; cette derniere pofition eft la *fphere oblique.*

Maintenant il eft aifé de comprendre, que lorfque le foleil eft dans l'équateur, le jour doit être égal à la nuit ; puifqu'il décrit au-deffus de l'horifon une partie de cercle égale

à celle qu'il décrit au-deſſous. Cette égalité
a lieu ſur toute la terre, à l'exceptior du pole.
Voilà pourquoi on donne à l'équateur le nom
d'équinoxial.

Vous voyez par la même raiſon que le
jour doit augmenter, lorſque le ſoleil approche du tropique du cancer ; car cet aſtre nous
éclaire d'autant plus long-temps, qu'il décrit
au-deſſus de l'horiſon de plus grandes portions de cercle. Au contraire les jours doivent
diminuer, lorſqu'il rétrograde vers le tropique
du capricorne ; parce qu'il eſt d'autant moins
ſur l'horiſon, que les portions de cercle qu'il
décrit ſont plus petites.

On nomme *équinoxes* les points où l'équateur coupe l'écliptique, parce que lorſque le
ſoleil y arrive, les nuits ſont égales aux jours ;
l'un eſt l'équinoxe de printemps, vers le 11
de mars ; l'autre eſt l'équinoxe d'automne, vers
le 23 ſeptembre.

Les équinoxes.

On nomme *ſolſtices* les points de l'écliptique qui viennent ſe confondre avec les tropiques. Alors le ſoleil eſt dans ſon plus grand
éloignement de l'équateur, à 23 degrés &
demi, & il eſt quelques jours ſans paroître
ſenſiblement s'en approcher ; le ſolſtice d'été
eſt dans le premier degré du cancer, où le

Les ſolſtices.

foleil fait le plus long jour, vers le 11 juin.
Le folftice d'hiver eft dans le premier degré
du capricorne, où cet aftre fait le jour le plus
court, vers le 22 décembre.

Les colures.   Dans ces quatre points on fait paffer deux
grands cercles qui fe coupent à angles droits
aux poles du monde ; l'un fe nomme *colure*
des folftices & ¦ l'autre *colure* des équinoxes.
Ce font les cercles les moins néceffaires à la
fphere.

Les jours pris pour des révolutions de 24 heures, n'ont pas exactement la même durée.   Jufqu'ici nous avons confidéré le jour par
oppofition à la nuit : mais on nomme encore
jour le temps qui s'écoule depuis le moment
que le foleil quitte le méridien d'un lieu, jufqu'au moment où il y revient.

Ce jour excede le temps d'une révolution de la terre fur fon axe : car pendant que
par un mouvement diurne, le foleil va d'o-
rient en occident, il avance dans l'écliptique
d'occident en orient, & il revient par conféquent plus tard au méridien d'où il étoit parti.

Mais cet aftre ne parcourt pas chaque jour
un efpace égal dans l'écliptique. Ce que nous
avons dit plus haut vous fait voir que le
mouvement du foleil dans l'écliptique, n'eft
autre chofe que le mouvement de la terre dans

son orbite. Or, la terre décrit en temps égaux,
de plus grands arcs dans son périhélie que
dans son aphélie. C'est donc une conséquence
que le soleil n'avance pas toujours également
dans l'écliptique, & que tous les jours n'exce-
dent pas d'une égale quantité chaque révolution de la terre sur son axe.

Ainsi quoiqu'on divise le jour en 24 heures, il ne faut pas croire que la durée en soit
toujours égale : elle varie au contraire d'un
jour à l'autre. Mais les astronomes prennent
un terme moyen entre les plus longs jours &
les plus courts : par là ils les réduisent à l'égalité ; & cette réduction se nomme équation
du temps. Elle se fait en divisant en heures
égales le temps que le soleil emploie à parcourir l'écliptique.

Puisque nous voilà dans la sphere, je crois
à propos de continuer & d'achever de vous
en donner une idée exacte. Ce sera le sujet
du chapitre suivant.

CHAPITRE V.

*Idée générale des cercles de la sphere,
& de leur usage.*

Cercles dont nous avons déja parlé. L'AXE du monde est une ligne qui va d'un pole à l'autre, & sur laquelle les cieux paroissent se mouvoir ; il traverse perpendiculairement le plan de l'équateur, qui partage l'univers en deux.

Le zodiaque est une bande circulaire, large de 16 degrés qui partage également la terre & les cieux, & qui fait avec l'équateur un angle de 23 degrés & demi.

Au milieu de cette bande est l'écliptique que le soleil parcourt d'occident en orient dans l'espace d'une année.

Le méridien coupe l'équateur à angles droits ; l'horison est oblique ou parallele suivant la

pofition des lieux, & les deux tropiques mar-
quent les limites, au-delà defquelles le foleil
ne doit pas s'écarter. Voilà les cercles dont
nous avons déja parlé.

Imaginez une ligne qui traverfe perpendiculairement le plan de l'ecliptique; elle en fera
l'axe, & vous vous en repréfenterez les poles
aux deux extrémités.

Axe de l'é-
cliptique.

Pendant que le plan de l'écliptique fait fa
révolution, fes poles décrivent des cercles,
qu'on nomme polaires : celui qui eft tracé au
nord eft le cercle arctique ; & celui qui eft
tracé au midi eft le cercle antarctique. Vous les
voyez marqués fur le globe à 23 degrés &
demi des poles.

Ses poles dé-
crivent des
cercles polai-
res.

Sous ces cercles, le plus long jour eft de
24 heures & au-delà, en s'éloignant de l'é-
quateur, les jours vont toujours en aug-
mentant.

Voilà maintenant la terre divifée en plufieurs bandes qu'on nomme *zones*. L'efpace
compris entre les deux tropiques eft la zone tor-
ride : les zones tempérées s'étendent des tropiques aux cercles polaires, & les zones gla-
ciales des cercles polaires aux poles.

Les zones.

Le jour étant fur l'équateur de 12 heures, & fous les cercles polaires de 24, on a confidéré l'efpace où le plus long jour eft de 12 & demi, celui où il eft de 13, celui où il eft de 13 & demi ; & on a divifé l'efpace contenu entre ces deux cercles en 24 bandes qu'on nomme *climats*. On a pareillement divifé en d'autres climats l'efpace contenu depuis les cercles polaires jufqu'aux poles. Ce font les climats où les jours augmentent beaucoup plus fenfiblement. Des tables vous mettront ces détails fous les yeux.

Tous les méridiens font confidérés comme des cercles de longitude, parce que les différentes longitudes fe mefurent d'un méridien à un autre. Par la même raifon les paralleles font regardés comme des cercles de latitude ; mais il a fallu d'autres cercles pour mefurer la longitude & la latitude des aftres. L'écliptique eft par rapport à ces nouveaux cercles, ce qu'eft l'équateur par rapport à ceux que je vous ai expliqués. Repréfentez vous donc de grands cercles de longitude qui coupent l'écliptique à angles droits & qui paffent par fes poles ; & des cercles de latitude paralleles à l'écliptique ; & qui, par conféquent, coupent auffi à angles droits les cercles de longitude.

Le premier de ces cercles de longitude paffe

au point des équinoxes par le belier ; & c'eſt
delà que l'on compte la longitude des aſtres
d'occident en orient ; comme on compte la
latitude depuis l'écliptique au pole de ce
cercle.

Vous pouvez conſidérer le mouvement apparent des cieux par rapport aux révolutions
diurnes, & par rapport aux révolutions annuelles. Dans le premier cas le ſoleil paroît
décrire des paralleles à l'équateur ; mais dans
le ſecond il paroît décrire des eſpeces de
ſpirales ; car à chaque révolution diurne cet
aſtre revient à un point différent de celui où
il étoit parti, & trace l'écliptique dans le cours
d'une année. Or, c'eſt par rapport au plan
de ce grand cercle qu'on juge des mouvements annuels des planetes, des cometes, &
de la poſition de tous les aſtres.

*Le mouve-
ment des
cieux par rap-
port aux révo-
lutions diur-
nes & par rap-
port aux ré-
volutions an-
nuelles.*

La terre tranſportée d'occident en orient ,
paroît conſerver ſon axe toujours parallele à
lui-même ; cependant il a un petit mouvement. Cet axe toujours incliné de 66 degrés ,
31 minutes au plan de l'écliptique, ſe meut
d'orient en occident, & ſes poles décrivent des
cercles autour des poles de l'écliptique. Par
là toute la ſphere des étoiles fixes paroît tourner, d'occident en orient, autour d'un axe
mené par les poles de l'écliptique ; & toutes

*Inclinaiſon
de l'axe de la
terre.*

les étoiles décrivent, par leur mouvement apparent, des cercles paralleles à l'écliptique.

La précession des équinoxes Par le mouvement de cet axe, la section commune au plan de l'équateur & à celui de l'écliptique tourne ; & les premiers points du belier & de la balance, qui sont toujours opposés, parcourent d'orient en occident toute l'écliptique dans l'espace de 25920 ans.

Ce mouvement des premiers points du belier & de la balance est ce qu'on nomme *précession des équinoxes* : il est cause que le soleil revient au point de l'écliptique d'où il est parti, avant d'avoir achevé sa révolution entiere, & par conséquent, l'année est plus petite que le temps périodique de la révolution de cet astre.

On voit par là qu'aujourd'hui le soleil ne se trouve pas à l'équinoxe du printemps au même point où il étoit, il y a 2, 3, ou 4000 ans ; & qu'il ne se retrouvera au même point où il est aujourd'hui, que dans environ 26000 ans ; c'est ce que l'on nomme la grande année.

Les astronomes grecs qui ont donné des

noms aux conftellations , ont regardé l'étoile
du belier comme le premier point du zodiaque, parce qu'en effet le foleil répondoit à
cette étoile, lorfqu'il étoit dans l'équinoxe du
printemps. Mais chaque conftellation a depuis avancé de près d'un figne : le belier eft
tout entier daus le figne du taureau, le taureau
dans celui des gémeaux, &c.

De-là il arrive, que parmi les aftronomes
modernes, les uns comptent les mouvements
céleftes depuis le point actuel de l'équinoxe ;
les autres depuis l'étoile du belier : mais ces
derniers ajoutent à leurs calculs la différence
qu'il y a entre le lieu de cette étoile, &
celui où fe fait l'équinoxe ; & ils appellent
cette différence la *préceffion des équinoxes ,*
parce que l'équinoxe arrive avant que le foleil
ait achevé fa révolution annuelle.

Ce mouvement des poles de l'équateur n'a
pas d'abord été apperçu : au contraire on fuppofa immobiles les étoiles polaires, parce qu'on
ne voyoit pas fenfiblement qu'elles changeaf-
fent de fituation. Quand on eut remarqué leur
mouvement ; il fut queftion d'appuyer les
poles du monde fur des points fixes. On remarqua donc que chaque jour les étoiles faifant une révolution, elles décrivoient un cercle

Comment on
a déterminé
plus exacte-
ment le pole
du monde.

autour d'un centre ; & dès qu'on eut ce
centre, on eut les poles immobiles du monde.
Alors au lieu de diriger la méridienne aux
étoiles polaires, on la dirigea à ce point, autour duquel ces étoiles font alternativement à leur plus grande & à leur plus petite
élévation. C'est ainsi qu'on traça plus exactement tous les cercles de la sphere.

CHAPI-

CHAPITRE VI.

Comment on mesure les degrés d'un méridien.

Ce n'étoit pas assez d'avoir tracé des lignes sur la terre, & de l'avoir divisée en degrés, en se représentant des arcs de cercles dans les cieux. On savoit par là quelles routes on devoit tenir ; mais on ne savoit pas quelle en étoit la longueur. Il falloit donc encore mesurer les degrés, & déterminer le nombre des toises que chacun contient ; cette recherche a été tentée dans différents temps. Cependant vers le milieu du dernier siecle on ne savoit encore quel jugement porter, lorsque Louis XIV ordonna de prendre de nouvelles mesures. On avoit alors de meilleurs instruments que jamais, & les méthodes avoient été perfectionnées. De sorte que Picard ayant exécuté les ordres du roi, on crut connoître enfin la véritable grandeur de notre globe. Mais toutes les opérations de ce géo-

Les premieres mesures de la terre ont été peu exactes.

Tom. III. S

metre fuppofoient la terre parfaitement ronde:
fuppofition démentie par des expériences,
qui furent faites peu de temps après.

Lorfqu'on avance dans la direction de la
méridienne, on voit les étoiles s'élever au-
deffus de l'horifon. Il femble donc que pour
connoître la grandeur d'un degré fur la terre,
il fuffife de mefurer le chemin qu'on a fait,
lorfqu'une étoile en s'élevant, a paru parcourir un arc, qui eft à la circonférence d'un
cercle, comme 1 à 360. En fuivant cette méthode, on jugea qu'un degré fur la furface de
la terre eft de 20 lieues. Et parce qu'on fe
hâta de juger que tous les degrés font égaux,
on crut qu'il n'y avoit plus qu'à multiplier
20 par 360. On conclut donc que la terre a
7200 lieues, de circuit. Mais il y avoit deux
principes d'erreur dans cette opération : le premier provenoit de ce qu'on jugeoit de l'élévation des étoiles par rapport à l'horifon ; le fecond de ce qu'on fuppofoit tous les degrés
égaux. C'eft ce qu'il faut développer.

On fe trom-
poit en ju-
geant de l'élé-
vation des
étoiles par
rapport à
l'horifon.
On a remarqué que les rayons fe brifent,
lorfqu'ils paffent obliquement d'un milieu
dans un autre. On vous fera quelque jour
obferver le chemin qu'ils fuivent, mais pour
le moment il fuffit de fuppofer ce phéno-

mene, comme un fait dont il n'eſt pas permis de douter.

Les rayons des aſtres qui ſont à l'extrémité
de notre horiſon, ne parviennent donc à nous
qu'après s'être briſés. Cela eſt cauſe que nous
ne voyons point les étoiles dans leur vrai
lieu ; elles nous paroiſſent plus élevées qu'elles ne ſont, & nous les appercevons même
au-deſſus de l'horiſon lorſqu'elles ſont encore
au-deſſous.

Si cette réfraction étoit la même dans
tous les temps, on pourroit l'évaluer, &
elle n'occaſionneroit point d'erreur : mais
elle eſt ſujette à toutes les variations de
l'atmoſphere, & l'atmoſphere change continuellement.

Les aſtres ſont à leur plus grande hauteur,
lorſqu'ils ſont au zénith : alors leurs rayons tom- Il en falloit
bent perpendiculairement, & ne ſouffrent juger par rap-
point de réfraction. Nous meſurerons donc plus port au zé-
exactement l'élévation des étoiles, ſi, au lieu nith.
d'en juger par rapport à l'extrémité de l'horiſon, nous en jugeons par rapport à notre
zénith.

On connoît le zénith, lorſqu'on obſerve la Si la terre eſt

S 2

parfaitement
ronde, les de-
grés du méri-
dien font
égaux.

direction d'un fil chargé d'un plomb. Cette direction fe nomme *ligne verticale* , & tombe
perpendiculairement du zénith fur l'horifon ; la
ligne verticale fait donc un angle droit avec
la ligne horifontale.

Maintenant prenons deux lieux fitués fous
un même méridien , & concevons que, des
zéniths de l'un & de l'autre , les deux verticales font prolongées dans l'intérieur de la
terre. Cela fuppofé , fi la terre eft abfolument
plate ces lignes feront paralleles dans toute
leur longueur , & foit que nous marchions
vers le nord ou vers le midi, les étoiles paroîtront toujours à la même élévation. Si la terre
eft parfaitement ronde , toutes les verticales
concourront à un même point. Nous verrons
donc les étoiles s'élever à proportion de l'efpace que nous parcourons fur un méridien.
Si , par exemple , il faut fe tranfporter à 57000
toifes, pour voir une étoile s'élever d'un degré , il faudra fe tranfporter à deux , trois ,
quatre fois cette diftance , pour voir une étoile
s'élever de deux , trois , quatre degrés ; car

Fig. 47. les points de la furface, par où paffent les verticales A, B, C, D, font tous à égale diftance.

Fig. 48. Il n'en fera pas de même , fi la courbure de
la terre eft inégale ; car les lignes A & B

qui tombent perpendiculairement sur la surface applatie, se réuniffent plus loin, que
les lignes C & D qui tombent perpendiculairement sur la surface plus convexe. Il y a
donc un plus grand intervalle entre les points
A & B, qu'entre les points C & D. Or, il
est évident que les degrés sont en proportion avec la longueur des rayons tirés du point
du concours, à la surface de la terre : là où
les rayons sont plus courts les degrés sont plus
petits : là où les rayons sont plus longs, les degrés sont plus grands. D'où on conclut avec
raison, que la terre est applatie vers les poles, si les degrés du méridien sont plus grands
au pole qu'à l'équateur.

L'angle que forment les verticales de deux
lieux situés sous le même méridien, se nomme *l'amplitude* de l'arc du méridien, qui
s'étend de l'un à l'autre zénith. Si l'arc est
d'un degré, de deux, de trois, l'amplitude
sera également d'un, de deux & de trois ; car
si l'arc mesure l'angle, l'angle détermine aussi
l'amplitude de l'arc : ces deux chofes sont
réciproques.

L'amplitude d'un arc du méridien.

Si, du centre de la terre, on obfervoit le
zénith de Paris & celui d'Amiens qui sont dans
le même méridien, il est évident qu'on pour-

Comment on détermine cette ampli-tude.

S 3

roit déterminer l'amplitude de l'arc fur un
quart de cercle. Mais la même opération peut
fe faire de Paris ou d'Amiens, parce que, dans
la diftance où nous fommes des étoiles, le demi-diametre de la terre doit être compté pour
rien, & que, par conféquent, l'angle formé par
les lignes tirées des deux zéniths, eft le même,
foit qu'elles concourent fur la furface, foit
qu'on les prolonge au centre.

Lorfqu'on ne peut pas fixer les deux zéniths, on prend une étoile qui eft entre deux.
Alors l'angle, qui détermine l'arc du méridien de Paris à Amiens, eft compofé de
deux autres, dont l'un eft formé par la verticale de Paris & la ligne tirée à l'étoile, &
l'autre par une femblable ligne & la verticale
d'Amiens.

Si l'étoile fe trouvoit hors de l'angle des
deux verticales, & au-delà du zénith d'Amiens,
il eft clair que vous aurez la valeur de l'angle
que forment les deux verticales, fi de l'angle
formé par la verticale de Paris & la ligne tirée
à l'étoile, vous retranchez l'angle formé au-
delà des deux verticales.

Dès qu'on connoît l'amplitude de l'arc, il
ne refte plus, pour déterminer la valeur du

degré, que de mefurer l'efpace entre Paris & Amiens.

Il feroit aifé de mefurer la diftance de Paris à Amiens, fi l'égalité du terrain permettoit de fe fervir d'une toife : mais parce que les hauts & les bas rendoient ce moyen impraticable, il a fallu fe repréfenter, au-deffus des inéga- lités, un plan parallele à l'horifon, & trouver le fecret de le mefurer. C'eft ce que les géo- metres exécutent d'une maniere bien fimple. Si vous voulez concevoir comment ils ope- rent en pareil cas, il faut prendre pour prin- cipe ce que nous avons prouvé plus haut, que *les trois angles d'un triangle font égaux à deux droits.*

Pour com- prendre com- ment on me- fure des gran- deurs inaccef- fibles, il faut prendre pour principe, que les trois angles d'un triangle font égaux à deux droits.

Dès que les trois angles d'un triangle font égaux à deux droits, il fuffit d'en mefurer deux, pour juger de la valeur du troifieme. Vous en conclurez encore, que connoiffant un des cô- tés & deux angles, vous pourrez déterminer les deux autres côtés. Ainfi de fix chofes qu'on peut confidérer dans un triangle, favoir, trois angles & trois côtés, c'eft affez d'en pouvoir mefurer trois, pour juger de la valeur des trois qu'on ne peut pas mefurer.

Un côté & deux angles étant connus, on détermine le troifieme angle & les deux autres côtés.

Soit la ligne A B bafe d'un triangle. Il eft

Fig. 49.

S 4

certain que plus les angles, que nous formerons fur les extrémités, feront grands, plus le
troifieme angle fera éloigné de cette bafe ; &
qu'au contraire plus ils feront petits, moins le
troifieme fera éloigné. La longueur de cette
bafe & la grandeur des deux angles déterminent donc le point où les deux autres côtés
doivent fe rencontrer. Par conféquent, fi nous
connoiffons la longueur de cette bafe, & la
grandeur des deux angles, nous pourrons déterminer la longueur des lignes A C & B C,
& celle des lignes A d & B d.

Comment on
mefure la lar-
geur d'une ri-
viere.
Fig. 50.

Suppofons qu'on veuille mefurer la largeur
d'une riviere : on tire le long du rivage la bafe
A B. Du point A on fixe enfuite l'objet C,
qui eft à l'autre bord, en forte que le rayon
vifuel tombe perpendiculairement fur la ligne
AB. On a des inftruments pour faire cette opération. De là, on va à B, & fixant encore
l'objet C, on acheve le triangle.

Cette opération étant achevée, on connoîtra
facilement la grandeur de chaque angle. Il ne
reftera plus qu'à mefurer la longueur de la
bafe, pour juger de la longueur de la ligne AC,
c'eft-à-dire de la largeur de la riviere.

Comment

Quand des obftacles ne permettent pas de

voir en même temps les objets dont on mesure la distance, on cherche de côté & d'autre des objets visibles, & on forme une suite
de triangles dont on mesure les angles. Le
second a pour base un des côtés du premier,
le troisieme un des côtés du second, ainsi des
autres.

par une suite de triangles on mesure un degré du méridien.

Connoissant donc la base du premier & ses
trois angles, on connoît la longueur de chacun
de ses côtés, &, par conséquent, la base du second. Connoissant la base du second & ses angles, on connoîtra de même la base du troisieme. En un mot, par cette méthode on détermine les côtés de tous les triangles.

On trace sur le papier les triangles, qu'on
a observés, & on ne trouve plus d'obstacle pour
tirer une ligne droite entre les deux points
dont on veut mesurer la distance.

Il ne reste donc qu'à déterminer la longueur de cette ligne, & cela est tout aussi aisé
que de mesurer le côté d'un triangle. C'est
ainsi qu'on prend la mesure d'un degré du
méridien.

Vous voyez comment par cette méthode on
parvient à juger de la distance où l'on est d'un

Comment on mesure la dis-

tance des aſ-
tres qui ont
une parallaxe

lieu inacceſſible ; & vous commencez à n'être
plus ſi étonné de voir les aſtronomes entreprendre de meſurer les cieux. Mais pour vous faire
connoître les moyens dont on ſe ſert en pareil
cas, il faut vous expliquer ce qu'on entend par
un mot dont nous aurons occaſion de faire
uſage. C'eſt celui de *parallaxe*.

De quelque lieu que nous obſervions les
étoiles, elles paroiſſent toujours dans le même
point du ciel , nous les voyons toujours dans
la même ligne droite. Ce que nous avons dit
vous fait comprendre que ce phénomene eſt
l'effet de l'éloignement où elles ſont de nous. Il
faut même que cette diſtance ſoit bien grande ;
car ſi, en différentes ſaiſons, nous obſervons une
étoile , nous continuons de la voir dans la
même ligne , quoique la terre , en parcourant
ſon orbite , nous place dans des lieux fort
différents : c'eſt que cette orbite , toute immenſe qu'elle nous paroît, n'eſt qu'un point
par rapport à l'immenſité des cieux.

Fig. 51.

Si , au contraire , nous obſervons un aſtre
voiſin de la terre , nous le rapportons à différents points, ſuivant le lieu où nous ſommes
placés. Lorſque , du centre C , nous obſervons
la lune L , nous la voyons dans le vrai lieu
où elle eſt par rapport à notre globe. Il en ſe-

ra de même si nous nous transportons sur la
surface au point A , parce qu'alors nous la
voyons dans la même ligne. Mais de tout
autre endroit , de B , par exemple , elle nous
paroîtra dans un lieu différent. Or , les deux
lignes CL , & BL vont se joindre dans le centre
de la lune , & y forment un angle. C'est cet angle
qu'on nomme *la parallaxe de la lune* Les astres
ont donc une parallaxe plus ou moins grande ,
à proportion qu'ils sont plus ou moins près de la
terre , & à une certaine distance ils n'en ont plus.

Les lignes CL, LB & BC, forment un
triangle qu'on nomme *parallactique*. BC,
rayon ou demi-diametre de la terre , en est
la base , & il ne reste plus qu'à mesurer les
angles B & C pour connoître la distance de
la lune en demi-diametres de la terre. C'est ainsi
qu'on mesure la distance de tous les astres qui
ont une parallaxe.

Ces opérations sont simples & belles ; cependant elles ne sont pas tout-à-fait exemptes
d'erreurs. L'observateur peut se tromper ; les
instruments ne sauroient être d'une précision
exacte ; & vous verrez bientôt qu'on est obligé
de raisonner sur des suppositions qui ne sont
pas tout-à-fait démontrées. Il y auroit bien des
choses à vous faire remarquer sur la sagacité

qu'on apporte à ces sortes de calculs ; mais ces
premieres idées suffisent à l'objet que nous
avons actuellement en vue , & elles vous pré-
parent à acquérir un jour de plus grandes connoissances. Vous n'êtes pas d'un âge à approfondir encore chaque science que vous étudiez:
vous commencez seulement, & toute votre
ambition doit être de bien commencer.

CHAPITRE VII.

Par quelle suite d'observations & de raisonnements on s'est assuré du mouvement de la terre.

———————

Les corps paroissent en mouvement toutes les fois qu'ils cessent de se conserver dans la même situation, soit entr'eux, soit par rapport au lieu d'où nous les regardons. Aux yeux de celui qui vogue dans un vaisseau, tout ce qui est transporté avec lui, quoique mu, paroît immobile; & tout ce qui est au-dehors, quoi qu'immobile, paroît mu. La terre est peut-être ce vaisseau : si nous ne sentons point son mouvement, c'est qu'elle est poussée par une force égale & uniforme; & si nous n'appercevons pas celui des objets qu'elle transporte, c'est qu'ils conservent entr'eux & nous les mêmes rapports de situation. Vue d'une autre planete, c'est à elle que nous attribuerions tout le mouvement; & la planete, d'où nous l'ob-

Chaque planete paroît à ses habitants le centre de tous les mouvements célestes.

ferverions, nous paroîtroit immobile. Suppo-
fons-nous fucceffivement dans mercure, vénus, mars, &c. chacun de ces aftres nous paroîtra comme un centre autour du quel tous
les cieux feront leurs révolutions. Toutes ces
apparences ne prouvent donc rien.

Les différen-
tes phafes de
la lune prou
vont qu'elle
fe meut au
tour de la
terre.

La lune préfente fucceffivement différentes
phafes. Or, quand elle eft pleine, il faut que
nous nous trouvions directement entr'elle &
le foleil, ou que le foleil foit directement
entr'elle & nous. Ce font les deux feules pofitions où tout fon difque peut fe montrer à
la fois.

Mais la parallaxe du foleil étant fi petite,
qu'on a fait des tentatives inutiles pour la déterminer, il eft prouvé que cet aftre eft à une
plus grande diftance que la lune. D'ailleurs, il
fuffit d'obferver l'ombre que la lune & la terre
fe renvoyent tour-à-tour, lorfqu'elles s'éclip-
fent, pour être convaincu que le foleil eft au-
delà de l'orbite que décrit l'une de ces planetes autour de l'autre. Donc, lorfque la lune
eft pleine, nous fommes entr'elle & le foleil.

Une feconde conféquence de ce principe,
c'eft que la lune n'eft nouvelle que parce que,

fe trouvant entre le foleil & la terre, elle tourne vers nous l'hémifphere qui eft dans les ténebres.

Enfin, vous conclurez qu'elle préfente une partie plus ou moins grande de fon difque, lorfqu'elle paroît parcourir les arcs compris entre le point où elle eft pleine, & celui où elle eft nouvelle. Les différentes phafes de la lune font repréfentées dans la figure 52.

Or, par la même raifon que ces rapports de pofition démontrent, que la lune doit fe montrer à la terre fous différentes phafes, ils démontrent également que la terre doit fe moutrer à la lune fous autant de phafes différentes; & les phénomenes feront les mêmes, foit qu'on fuppofe le mouvement de révolution dans la terre, foit qu'on le fuppofe dans la lune. Mais les principes, établis plus haut, prouvent que c'eft la lune qui tourne proprement autour de la terre; car le centre commun de gravité eft quarante fois plus près de la terre que de la lune.

Si on réfléchit fur ce dernier raifonnement, on reconnoîtra que les propofitions démontrées font identiques avec les obfervations;

car, dire que la lune ou la terre tourne, c'est dire qu'elles changent de situation l'une par rapport à l'autre : & dire qu'elles changent de situation, c'est dire qu'elles se présentent différentes phases.

Les différentes phases de vénus prouvent qu'elle tourne autour du soleil, dans une orbite plus petite que celle de la terre.

En considérant les effets qui doivent résulter des rapports de position, on reconnoîtra que la lune donneroit lieu aux mêmes phénomenes, si elle tournoit autour du soleil dans une orbite qui ne renfermât pas la terre. Tel est le cas de vénus. Elle offre successivement les mêmes phases que la lune : lorsqu'elle est nouvelle, on la voit quelquefois passer comme une tache sur le disque du soleil : elle est pleine, lorsque le soleil est entr'elle & nous ; & dans les autres positions, elle ne laisse voir qu'une partie de son disque. Voyez la figure 53.

L'observation prouve, que l'orbite de mars renferme celle de la terre.

Si l'orbite d'une planete renfermoit tout à la fois la terre & le soleil, les phénomenes ne seroient plus les mêmes. Il est évident, que si on considére une planete dans les différentes positions où elle seroit alors par rapport à nous, il n'y en a qu'une où sa rondeur seroit un peu altérée. C'est lorsqu'elle seroit à 90 degrés du soleil. Voyez la figure 54. Dans toute autre, son disque, toujours

toujours parfaitement rond, paroîtroit seulement plus petit ou plus grand, suivant qu'elle
s'éloigneroit ou se rapporcheroit de nous : tel
est mars. L'évidence de fait & l'évidence de
raison concourent donc à démontrer qu'il tourne autour du soleil dans une orbite qui renferme celle de la terre.

Les mêmes observations & le même raisonnement sont applicables à jupiter & saturne. Mais tandis que les inégalités du diametre apparent sont fort sensibles dans mars,
elles le sont beaucoup moins dans jupiter, &
moins encore dans saturne. Preuve évidente
que jupiter fait sa révolution au delà de
l'orbite de mars, & que saturne fait la sienne
au delà de l'orbite de jupiter.

Elle prouve
la même cho-
se de celle de
jupiter & de
celle de Sa-
turne.

Mercure est trop près du soleil pour être
observé comme les autres planetes : mais ce
qui prouve qu'il fait sa révolution, c'est qu'il
faut le supposer pour trouver dans son cours
la même régularité que dans celui des autres
planetes. Si l'évidence de fait & l'évidence
de raison nous manquent à cette occasion,
il ne faut pas croire que la révolution de mercure autour du soleil soit une supposition
gratuite : elle est suffisamment indiquée, &
pour n'être pas évidente, elle n'en est pas

Raisons qui
prouvent que
mercure fait
sa révolution
autour du so-
leil.

moins hors de doute : elle eſt prouvée d'ailleurs par les loix de la gravitation.

Les planetes ſuperieures & les planetes inférieures ſont leurs révolutions dans des temps inégaux. Parmi les planetes, les unes décrivent des orbites autour de la terre & du ſoleil : on les nomme *ſupérieures*, parce qu'elles ſont en effet plus élevées que nous par rapport à cet aſtre, qui eſt véritablement en bas, puiſque c'eſt le centre vers lequel tout peſe. Les autres parcourent des orbites, au-delà deſquelles nous nous trouvons, & on les nomme *inférieures*, parce qu'étant plus près du ſoleil, elles ſont en effet plus bas que nous.

Toutes les planetes, comme nous l'avons remarqué, font leurs révolutions dans des temps inégaux, & elles précipitent ou retardent leur cours, ſuivant qu'elles ſont dans leur aphélie ou dans leur périhélie.

Quels ſeroient pour nous les phénomenes ; ſi nous nous placions au centre de ces révolutions. Si nous nous placions au centre de ces révolutions, nous verrions tous ces corps avancer régulierement chacun dans ſon orbite, & nous ne remarquerions d'autre variation, ſinon que le mouvement en ſeroit plus lent ou plus rapide.

Phénomenes que nous verrions de vénus Mais ſuppoſons-nous dans vénus, que nous ſavons être tranſportée au tour du ſoleil, & voyons quels ſeroient les phénomenes.

Suppofons le foleil en S, que ABCD foit
l'orbite de mercure, planete inférieure, par
rapport à vénus, & que MON foit une portion de la fphere des étoiles fixes.

Ces deux planetes, ainfi que toutes les autres, font tranfportées d'occident en orient ;
mais mercure, ayant un mouvement plus rapide, paffe & repaffe par les mêmes points, avant
que vénus ait achevé fa révolution.

Lorfqu'il fe meut de C par D en A, il
doit paroître aux habitants de vénus, aller de
M par O en N, c'eft-à-dire, qu'il doit paroître fe mouvoir, fuivant l'ordre des fignes
d'occident en orient, & fon mouvement eft
direct.

Lorfqu'il va de A en F, il tend vers
vénus dans la direction d'une ligne droite.
Il devroit donc paroître s'arrêter dans le
même point du ciel. Mais parce que vénus
fe meut, il paroîtra fe mouvoir avec le foleil, d'occident en orient. Il fera donc encore direct.

Depuis f jufqu'en g, mercure va d'un mouvement plus rapide que vénus. Il paroîtra donc
fe mouvoir de N en O, contre l'ordre des fi-

T 2

Fig. 55.

gnes, d'orient en occident; c'est-à-dire, qu'il
paroîtra rétrograder.

Enfin, si mercure, étant en F au moment
que vénus est en *u*, parcourt la courbe F f
dans le même temps que vénus parcourt la
courbe u V ; la ligne qui passe par le centre
des deux planetes, sera transportée d'un mouvent parallele : en ce cas mercure ne paroîtra
pas changer de lieu, par rapport à vénus ; il
sera donc jugé stationnaire. L'observation sera
encore la même, si mercure va de *g* en G,
lorsque venus va de V en *u*.

Les mêmes phénomenes auront encore lieu
de vénus à une planete supérieure, telle que
mars.

Fig. 56.
Soit mars en M, & vénus en A; mars
paroîtra stationnaire, tant que les lignes droi-
Planche VI. tes, que vous concevez tirées de l'une à l'autre planete, resteront parallèles.

Lorsque vénus va de A en C par B, mars
paroîtra se mouvoir dans l'ordre des signes,
soit par le mouvement qui lui est propre, soit
par celui de vénus, transportée dans la partie
du cercle, qui est au delà du soleil. Mars sera
donc direct.

Enfin, lorsque vénus passe de C en A par
D, elle laisse mars derriere elle, parce qu'elle
se meut plus rapidement. Mars paroîtra donc
avancer contre l'ordre des signes, & il sera
rétrograde.

Tels sont les phénomenes qui seroient vus
de vénus. Or, nous les appercevons nous-
mêmes ces phénomenes. Notre terre fait donc
comme toutes les planetes, une révolution
autour du soleil : & tout prouve que nous
ne sommes pas le centre de notre système.

Ces phénome-
nes, prouvent
que la terre se
meut autour
du soleil.

T 3

CHAPITRE VIII.

Des recherches qu'on a faites sur la figure de la terre.

Le mouvement de rotation donne aux parties de la terre une force centrifuge plus ou moins grande

Un corps ne peut se mouvoir autour d'un centre, qu'il ne fasse continuellement effort pour s'en écarter : cet effort est d'autant plus grand, qu'il décrit un plus grand cercle dans un temps donné ; & il y a en lui une force centrifuge plus grande. Or, dans le même temps, dans 24 heures, toutes les parties de la terre décrivent des cercles. Il y a donc dans toute la surface une force centrifuge ; & cette force est inégale, parce que les cercles décrits sont inégaux. Le plus grand cercle est sous l'équateur : tous les autres diminuent insensiblement, en sorte que ceux qui terminent les poles, peuvent être regardés comme deux points. La force centrifuge est donc plus grande sous l'équateur que partout ailleurs : elle diminue ensuite comme les cercles, & elle s'éteint aux poles.

Mais cette force centrifuge est contraire à la pesanteur. La pesanteur est donc moindre sous l'équateur que sous les poles; & par conséquent l'équilibre des eaux demande que, tandis que la surface de la mer s'éloigne d'un côté, du centre de la terre, elle s'en rapproche de l'autre. Les colonnes sont donc plus longues sous l'équateur, plus courtes sous les poles : d'où l'on doit conclure l'applatissement de la terre.

La pesanteur est donc moins grande sous l'équateur, & la terre est applatie aux poles.

Rien n'étoit plus naturel que ce raisonnement : cependant, lorsque sous Louis XIV, Picard mesura le méridien, on n'avoit point encore pensé à révoquer en doute la sphéricité de la terre : voilà où l'on en étoit en 1670.

Quelques expériences ayant fait soupçonner que la pesanteur est moindre sous l'équateur qu'aux poles, l'observation du pendule à 5 degrés de latitude le confirma. Richer étant à Cayenne trouva que son horloge à pendule retardoit de 2 minutes, 28 secondes chaque jour. Or, si l'aiguille marque moins de secondes pendant une révolution des étoiles, c'est que le pendule fait moins d'oscillations ; & si le pendule fait moins d'oscillations, c'est qu'ayant moins de pesanteur, il tombe plus

Expérience qui le confirme.

T 4

lentement dans la verticale. Il est vrai que la chaleur pourroit produire le même effet en alongeant la verge du pendule : car, toutes choses d'ailleurs égales, un pendule plus long oscille plus lentement. Mais les observations prouvent que les chaleurs de la Cayenne ne sauroient alonger la verge du pendule au point de causer dans le mouvement de l'aiguille un retardement de 2 minutes, 28 secondes par jour.

Figure qu'on donne en conséquence à la terre. Il fut donc démontré que la pesanteur est moins grande sous l'équateur. Alors on conclut que la terre est applatie vers les poles, & cette conséquence parut évidente aux plus grands calculateurs, Huyghens & Newton. Mais si les calculs sont sûrs, ils portent souvent à faux. Dans l'application de la géométrie à la physique, il est assez ordinaire de calculer, avant de s'être assuré des suppositions sur lesquelles on s'appuie. Les questions sont si compliquées, qu'on ne peut pas répondre de faire entrer dans la théorie toutes les considérations nécessaires. Huyghens & Newton vont nous en donner un exemple.

La théorie de ces deux mathématiciens s'accorde à donner à la terre la figure d'un sphéroïde elliptique applati vers les poles.

Huyghens suppofoit que tous les corps tendent précifément au même centre, & qu'ils
y tendent tous avec le même degré de force,
à quelque diftance qu'ils en foient. De là, il
concluoit que la force centrifuge peut feule
altérer la pefanteur ; & il trouvoit que l'axe
de la terre eft au diametre de l'équateur, environ comme 577 à 578.

Newton raifonnoit fur une autre hypothefe : il fuppofoit que la pefanteur eft l'effet
de l'attraction, par laquelle toutes les parties
de la terre s'attirent mutuellement en raifon
inverfe du quarré des diftances. Alors ce n'é-
toit plus affez de déterminer avec Huyghens,
de combien la terre devoit être applatie par
la force centrifuge, il falloit encore déterminer de combien la terre déja applatie par
cette force, devoit l'être encore par la loi
de l'attraction ; & il trouvoit que l'axe eft
au diametre de l'équateur, comme 229 à
230.

L'hypothefe d'Huyghens eft contrariée par
l'obfervation du pendule, & par la mefure
des degrés qui font l'applatiffement de la
terre beaucoup plus grand que fa théorie ne
le fuppofe. Mais le fuccès du fyftême de
Newton fuffifoit pour lui donner l'exclu-
fion.

Celle de Newton l'est aussi.

A la vérité, la loi de l'attraction étoit une considération que la théorie ne devoit pas oublier; & Newton avoit par-là un avantage. Cependant, la solution qu'il a donnée, est insuffisante & imparfaite à certains égards. *Newton*, dit M. d'Alembert, *supposoit d'abord que la terre est elliptique, & il déterminoit, d'après cette hypothese, l'applatissement qu'elle doit avoir... C'étoit proprement supposer ce qui étoit en question.* Voilà ce que c'est que le calcul, lorsqu'on l'applique à la solution des problêmes compliqués de la nature.

La théorie ne sauroit prouver que la terre a une figure réguliere.

Messieurs Stirling & Clairaut ont cru démontrer que la supposition de Newton est légitime, & que la terre est un sphéroïde elliptique : mais ils raisonnent eux-mêmes sur des hypotheses, qui auroient besoin d'être prouvées : & M. d'Alembert assure, qu'en faisant d'autres suppositions, il démontre lui-même dans ses recherches sur le système du monde, que toutes les parties du sphéroïde pourroient être en équilibre, quoique la terre n'eût pas une figure elliptique : il fait plus; c'est que dans la supposition, où les méridiens ne seroient pas semblables, où la densité varieroit, non-seulement d'une couche à l'autre, mais encore dans tous les points d'une même couche; il démontre que l'équilibre pourroit encore se maintenir par les loix de l'attraction, &

que, par conséquent, il pourroit avoir lieu dans la supposition où la terre auroit une figure tout-à-fait irréguliere. Il n'est donc pas même possible à la théorie de prouver la régularité de la figure de la terre. Les loix de l'hydrostatique, sur lesquelles elle porte, ne la prouveroient que dans la supposition où la terre, ayant été primitivement fluide, auroit conservé la forme d'un sphéroïde applati, forme que la gravitation mutuelle de ses parties, combinées avec la rotation autour de l'axe, lui auroit fait prendre. Mais, demande M. d'Alembert, est il bien prouvé qu'elle ait été originairement fluide ? & quand, l'ayant été, elle eût pris la figure que cette hypothese demandoit, est-il bien certain qu'elle l'ait conservée ?

Les parties d'un sphéroïde fluide devroient être disposées avec une certaine régularité, & sa surface devroit être homogene : or, nous ne remarquons ni homogénéité sur la surface de la terre, ni régularité dans la distribution de ses parties. Tout paroît, au contraire, jetté comme au hasard dans la partie que nous connoissons de l'intérieur, & de la surface de notre globe : & comment pourra-t-on croire que sa figure primitive n'a pas été altérée, si on considère les bouleversements dont il reste des traces évidentes ?

La théorie porte donc fur des fuppofitions qu'il eft impoffible de prouver, & qu'on n'admet pour certaines, que parce qu'on ne voit pas pourquoi elles feroient fauffes.

Faux raifonnemens qu'on fait pour défendre la théorie. On l'a voulu confirmer cette théorie par des obfervations & par la mefure des degrés en différents lieux : mais les raifonnemens ont quelquefois été faux, les mefures peu d'accord entr'elles, & les difficultés fe font multipliées.

La terre, a-t-on dit, a une figure réguliere, & fes méridiens font femblables, fi l'équateur eft exactement un cercle : or, la circularité de l'ombre de la terre, dans les éclipfes de lune, prouve la circularité de l'équateur.

Ce qu'il y a de fingulier, c'eft que ceux qui font ce raifonnement, font perfuadés que les méridiens ne font pas des cercles. Mais comment veulent-ils que l'ombre de la terre foit une preuve de la circularité de l'équateur, & qu'elle n'en foit pas une de la circularité des méridiens ?

Si, en partant des mêmes latitudes, dit-on encore, on parcourt des diftances égales, on obfervera les mêmes hauteurs du pole.

Donc les méridiens sont semblables, & la terre a une figure réguliere.

Ceux qui parlent ainsi, supposent tacitement que les mesures terrestres & les observations astronomiques sont susceptibles de la derniere précision. Car, auroient-ils l'esprit assez peu conséquent pour dire : ces mesures & ces observations sont nécessairement sujettes à erreur ; donc nous devons juger par elles de la courbure des méridiens ? J'avoue cependant qu'ils seroient fondés, si, ayant mesuré à même latitude un grand nombre de méridiens, les résultats s'étoient toujours trouvés à peu près les mêmes : cet accord prouveroit l'exactitude des observateurs. Mais sur six degrés qu'on a mesurés, il n'y en a que deux à même latitude ; celui de France & celui d'Italie ; & on a trouvé qu'ils different de plus de 70 toises.

On dit encore : les regles de la navigation diligent d'autant plus sûrement un vaisseau, qu'elles sont mieux observées. Or, ces regles supposent à la terre une figure réguliere ; donc, &c.

Je réponds que ces regles ont encore moins de précision, que ces mesures & ces observations dont nous venons de parler ; & que,

par conféquent, elles font encore plus fauti-
ves. Ignore-t on l'imperfection des méthodes
par lefquelles on mefure le chemin qu'à fait
un vaiffeau , & on juge du lieu où il eft;
& les eftimations nautiques ne font-elles pas
fujettes à bien des erreurs ? Les méthodes de
navigation font fi imparfaites, que quand on
connoîtroit parfaitement la figure de la terre,
le pilote n'en tireroit aucun avantage.

Cette théorie
porte fur des
fuppofitions
qu'on ne
prouve pas.

La théorie de la figure de la terre porte
fur trois fuppofitions , qui n'ont pas encore
été rigoureufement démontrées. C'eft que le
plan du méridien, qui paffe par la ligne du
zénith, paffe par l'axe de la terre; que la ligne
verticale paffe par le même axe , & qu'elle eft
perpendiculaire à l'horifon. On a été long-
temps fans avoir aucun doute fur ces fuppofitions : il eft vrai qu'elles ne font pas auffi
gratuites que d'autres, que je vous ai fait remarquer. Plufieurs phénomenes les indiquent:
car la rotation uniforme de la terre fur fon axe,
la préceffion des équinoxes, & l'équilibre des
eaux qui couvrent la plus grand partie de la
furface, paroiffent s'accorder parfaitement avec
ces fuppofitions. Vous avez vu que le rapport, entre la durée des jours & des nuits,
varie d'un climât à l'autre, c'eft-à-dire, à différentes latitudes. Or , on a calculé ces dif-
férences , en fuppofant la terre réguliere, &

le calcul se trouve d'accord avec les observations.

On a mesuré en Italie un degré du méridien à une même latitude, que celui qui a
été mesuré en France; les résultats ne se sont
pas trouvés semblables. Voilà la plus forte difficulté contre la régularité de la figure de la
terre : cependant cette différence est si petite,
qu'elle peut être attribuée aux observations.
Pour éclaircir cette question, il faudroit, comme
le dit M. d'Alembert, mesurer à la même
latitude, & à une distance considérable, un
grand nombre de méridiens, & faire dans
chaque lieu l'observation du pendule.

Mesures qui sembleroient prouver que les degrés ne sont pas sem-blables à mê-me latitude.

Mais en supposant que les méridiens sont
semblables, il resteroit à savoir si ce sont des
ellipses. On n'a pas hésité de l'assurer, parce
que cette figure s'accorde parfaitement avec
les loix de l'hydrostatique : mais M. d'Alembert croit avoir démontré que toute autre figure s'accorde également avec ces loix, sur-
tout si on ne suppose pas la terre homogene.
Passons aux mesures qui ont été prises.

Quand les méridiens se-roient sem-blables il n'est pas prouvé, qu'ils soient des ellipses.

Pour vous faire une idée des principes &
des conséquences de cette opération, il faut
vous rappeller, que si l'on voit les étoiles
s'élever ou s'abaisser à proportion du chemin

On a mesuré plusieurs de-grés du méri-dien, pour dé-terminer l'ap-

qu'on fait fur le méridien, c'eſt uniquement
parce qu'on a marché fur une ſurface courbe;
que, par conſéquent, la terre eſt ſphérique,
ſi après des longueurs égales de chemin, on
voit les étoiles s'élever ou s'abaiſſer d'une quantité égale; & qu'au contraire elle ne l'eſt pas,
ſi pour trouver la même quantité dans l'é-
lévation, il faut faire fur le méridien des
trajets inégaux. Il eſt évident qu'elle ſera plus
courbe, dans la partie fur laquelle il faudra
faire moins de chemin, pour voir les étoiles
s'élever d'un degré, & qu'elle ſera plus applatie dans la partie où il faudra faire plus
de chemin, pour voir les étoiles s'élever pareillement d'un degré. Par conſéquent les meſures déterminent l'applatiſſement de la terre,
ſi elles déterminent dans quelle proportion
croiſſent les degrés terreſtres.

Mais on a
voulours fup-
poſé à la terre
une figure ré-
guliere.

Pour faciliter ces opérations, on fait ce
raiſonnement. La terre a certainement une
figure réguliere; donc, ſi elle eſt ſphérique,
ſes degrés ſeront tous égaux; & ſi elle n'eſt
pas ſphérique, ſes degrés croîtront ou dé-
croîtront dans une certaine proportion : par
conſéquent, en déterminant à des latitudes
connues la valeur de deux degrés, on dé-
couvrira la valeur des autres, & on connoîtra
le rapport de l'axe de la terre au diametre de
l'équateur.

On

On voit qu'alors la queftion n'étoit pas de
favoir fi la figure de la terre eft réguliere : on
le fuppofoit comme hors de doute, quoique
la chofe ne fût pas fuffifamment prouvée. Il
s'agiffoit feulement de favoir fi la terre eft
applatie vers les poles, & de combien elle
doit l'être.

Les premieres mefures furent celles de Meffieurs Caffini : *elles furent répétées*, dit M. de
Maupertuis, *en différents temps, en différents
lieux, avec différents inftruments & par différentes méthodes ; le gouvernement prodigua
toute la dépenfe & toute la protection imagi-
nable, & le réfultat de fix opérations faites
en* 1701, 1713, 1718, 1733, 1736, *fut
toujours que la terre étoit alongée vers les
poles.*

On jugea, avec raifon, que ces mefures
ne renverfoient pas évidemment la théorie.
Les erreurs inévitables dans les obfervations,
faites avec le plus de foin, ne permettent
pas de déterminer avec précifion des degrés
auffi peu diftants que ceux qu'avoient mefu-
rés Meffieurs Caffini. On imagina donc de
mefurer des degrés plus éloignés, & on en-
voya des académiciens au Pérou & en Laponie.

Tom. III,　　　　**V.**

*Degrés mefu-
rés en France*

A leur retour, il ne s'agiſſoit plus que de ſavoir dans quelles proportions étoient les meſures priſes au Nord, au Pérou, & en France. Mais la choſe fut d'autant plus difficile, que le degré de France, quoique plus meſuré, ou parce qu'il l'a été plus, eſt celui ſur lequel on s'accorde le moins.

En 1751, M. l'Abbé de la Caille, ſe trouvant au Cap de Bonne-eſpérance, meſura un degré à 33 degrés, 18 minutes au-delà de l'équateur.

Ajoutez à cela le degré meſuré en Italie; nous aurons des degrés meſurés en cinq lieux différents; en France, au Nord, au Pérou, au Cap de Bonne-eſpérance, & en Italie.

Après toutes ces entrepriſes, la détermination de la figure de la terre en eſt devenue plus difficile; parce que les meſures, priſes en différents lieux, ne s'accordent pas à donner à la terre la même figure. Les expériences du pendule contrarient même la théorie de Newton; car elles font la terre plus applatie que ce philoſophe ne le ſuppoſe.

Qu'eſt-ce donc que cette théorie ſi ſublime, ces calculs ſi bien démontrés? Que réſulte-

t-il des efforts des plus grands mathématiciens ?
des raisonnements certains, qui portent sur
des suppositions incertaines. Les mesures viennent à l'appui; mais avec elles viennent aussi
des erreurs inévitables ; & plus on mesure,
moins il semble qu'on est d'accord. Si l'on
compare les moyens de prouver le mouvement de la terre, avec les moyens d'en déterminer la figure, on trouvera d'un côté une
évidence complette, une évidence qui ne suppose rien ; & de l'autre une évidence, qui
laisse derriere elle un nuage où l'on suppose
tout ce qu'on veut, parce que la lumiere n'y
pénétre jamais. Le public, prévenu à juste
titre pour le génie des inventeurs, croit légé-
rement que tout est démontré, parce qu'il
ne sait pas pourquoi tout ne le seroit pas.
Le philosophe, applaudi par des aveugles,
devient aveugle lui-même : bientôt la préven-
tion est générale ; & on a peine à trouver
des observateurs, auxquels on puisse donner
une confiance entiere.

CHAPITRE IX.

Principaux phénomenes expliqués par le mouvement de la terre.

Pourquoi nous voyons le ciel comme une voûte surbaissée. Vous savez déja l'explication de plusieurs phénomenes; mais je crois à propos d'en rassembler quelques-uns sous vos yeux, afin de vous faire mieux saisir l'ensemble de tout le système.

L'espace immense des cieux est par lui-même sans lumiere & sans couleur, & il nous paroîtroit noir, si la terre seule étoit éclairée : mais les rayons des corps célestes tombant sur l'air qui nous environne, se brisent, se réfléchissent, & se répandant suivant toutes sortes de directions, éclairent l'atmosphere. Sans ces différentes réfractions qui dispersent les rayons, & les font venir de toutes parts à nos yeux, nous ne verrions les astres que comme des corps lumineux, placés

dans un espace noir. Ces rayons, ainsi répandus, colorent donc l'espace ; & les cieux
prennent cette couleur bleue que nous appercevons.

Dans l'habitude où nous sommes de rapporter les couleurs aux objets, notre œil crée,
pour ainsi dire, une voûte sur laquelle il étend
cette couleur bleue : car, voyant toujours dans
la direction d'une ligne droite, notre œil tire,
du lieu où nous sommes comme centre, des
lignes en tout sens, & place à l'extrêmité de
chacune un point coloré.

Nous terminons naturellement toutes ces
lignes , parce que nous ne pouvons jamais
voir les objets qu'à une distance déterminée.
Si nous les imaginons un peu plus longues,
lorsque nous regardons horisontalement; l'espace que nous appercevons sur notre hémisphere , & les objets situés à différentes distances nous y obligent. Mais nous les imaginons au contraire un peu plus courtes, lorsque nous élevons la vue vers le zénith; parce
que dans cet intervalle il n'y a point d'objets,
qui, mesurant l'espace, nous engagent à donner plus de longueur aux lignes. Voilà pourquoi nous nous représentons le ciel comme
une voûte surbaissée, à laquelle nous collons

V 5

tous les aftres, ceux qui font plus loin, comme ceux qui font plus près. Cette voûte eft donc un être imaginaire.

Pourquoi cette voûte paroît tourner en 24 heures.

La terre tournant fur fon axe en 24 heures, cette voûte paroît chaque jour tourner autour de la terre, & emporter tous les aftres avec elle. Par là les étoiles fixes décrivent des cercles parallèles, mais inégaux : en forte que les unes fe meuvent dans de fi petits cercles, qu'elles paroiffent immobiles ; tandis que les autres font tranfportées dans de plus grands, avec une vîteffe qui augmente comme les cercles.

Pourquoi le foleil paroît fe mouvoir dans l'écliptique.
Fig. 57.

Si la terre n'avoit que ce mouvement, nous rapporterions toujours le foleil au même point du ciel : mais parce qu'elle eft tranfportée fur fon orbite *a b c d*, nous devons voir le foleil S répondre fucceffivement à différents fignes. Quand, de fon aphélie *a*, elle va en *b* le foleil doit paroître aller de A en B, &c. en forte que la terre eft toujours dans le figne oppofé à celui où nous fuppofons le foleil.

Pourquoi il paroît aller d'un tropique à l'autre.

Si le plan de l'écliptique étoit le même que celui de l'équateur, le foleil paroîtroit décrire tous les jours le même cercle ; il n'y auroit

fur toute la terre qu'une feule faifon ; & les
pôles n'auroient plus de nuit.

Mais parce que l'orbite que la terre parcourt fait un angle de 23 degrès & demi avec
l'équateur , c'eft une conféquence que le
foleil paroiffe décrire chaque jour différents
paralleles , & aller alternativement d'un tropique à l'autre.

Par ce mouvement de la terre , la déclinaifon
du foleil varie, fes rayons tombent tantôt plus,
tantôt moins obliquement fur chaque hémisphere , & la chaleur différe, fuivant la fituation des climats, par raport au foleil. Delà
réfulte encore le phénomene des jours plus ou
moins longs pour tous les lieux qui ne font
pas fous l'équateur.

Ce qui nous donne des fai-fons différen-tes & des jours plus ou moins longs.

Le mouvement la de terre & celui des planetes combinés , produifent encore d'autres
apparences ; mues autour du foleil , elles
doivent paroître fe mouvoir autour de la
terre.

Les orbites des planetes coupent le plan de l'é-cliptique.

Si le plan de leur orbite fe confondoit
avec le plan de l'orbite de la terre , elles
fuivroient toujours le cours du foleil & ne
s'écarteroient jamais de l'écliptique. Cela

V 4

n'eſt pas : leurs orbites au contraire font des
angles plus ou moins grands avec celui de
la terre ; & elles paroiſſent décrire des cercles qui coupent l'écliptique. Voilà pourquoi on rapporte au plan de ce cercle les
mouvements annuels des planetes , comme on
rapporte leurs mouvements diurnes au plan
de l'équateur. De là ſe ſont formés tous les
cercles de la ſphére.

Les planetes
dans leurs
nœuds & hors
de leurs
nœuds.

On nomme *nœuds* les points où les orbites des planetes coupent l'écliptique. Lorſqu'une planete ſe trouve dans ſes nœuds, elle
eſt dans la ligne qui paſſe par le centre du ſoleil & de la terre. Or, les planetes ſont inférieures ou ſupérieures.

Lorſque les planetes inférieures ſont dans
leurs nœuds, elles ſont en-deça ou au-delà du ſoleil ; en-deça, elles paroiſſent comme une tache qui paſſe ſur cet aſtre ; au-
delà, elles ne ſauroient être apperçues, parce que le ſoleil eſt directement entr'elles &
nous.

Si elles ſont hors de leurs nœuds, c'eſt-à-
dire, à quelques degrés de latitude, elles pré-
ſentent leur diſque en entier ; quand elles ſe
meuvent au-delà du ſoleil ; en-deça, elles diſ-

paroiffent tout-à-fait, parce que l'hémifphere
qu'elles tournent vers la terre eft dans les ténebres. Enfin dans les deux autres parties de
leur orbite, elles nous montrent une partie
plus ou moins grande de l'hémifphere qui réfléchit la lumiere : elles croiffent & décroiffent alternativement.

Quant aux planetes fupérieures, elles ne dif-
paroiffent que lorfqu'étant dans leurs nœuds,
le foleil eft directement entr'elles & nous. Dans
toute autre pofition leur difque paroît tout entier. Il n'y a que mars dont le difque eft un
peu altéré à 90 degrés, c'eft-à-dire, lorfqu'il
eft entre les points de conjonction & d'oppofition. L'éloignement nous empêche d'obferver
le même phénomene dans jupiter & dans faturne.

Les planetes fupérieures font en conjonction
ou en oppofition : en conjonction, quand elles
font du même côté que le foleil ; en oppofition, quand elles font du côté oppofé, c'eft-à-
dire, à 180 degrés. Les planetes inférieures
font en conjonction de deux manieres, & jamais en oppofition.

Les planetes inférieures n'étant jamais en Les planetes
oppofition, accompagnent toujours le foleil. inférieures pa-

roiſſent tou-
jours accom-
pagnet le ſu-
leil.
Fig. 58.

Elles paroiſſent ſeulement s'en rapprocher
ou s'en éloigner. Si, de la terre A, vous
tirez à l'orbite de vénus les tangentes A B &
A C, il eſt évident que cette planete ne ſera
jamais à une plus grande diſtance du ſoleil, que
B V ou V C. Voilà pourquoi les planetes inférieures accompagnent toujours le ſoleil. La diſtance où elles paroiſſent être de cet aſtre, eſt
ce qu'on nomme *élongation.*

Les ſatellites ont auſſi leurs phénomenes :
je ne vous parlerai que de la lune : car mon
deſſein n'eſt pas de vous donner un traité d'aſtronomie.

Pourquoi on
diſtingue
deux mois lu-
naires.

La lune & la terre, tranſportées autour d'un
centre commun qui décrit une orbite autour
du ſoleil, ſe trouvent, l'une par rapport à l'autre, tour-à-tour en conjonction & en oppoſition.

Cependant ce phénomene n'arrive pas à chaque révolution que les planetes font autour
de leur centre de gravité. Au moment que la
lune acheve ſa révolution, elle ne peut pas ſe
retrouver en conjonction, parce que pendant
qu'elle la faiſoit, ſon orbite étoit tranſportée
par la terre qui avançoit elle-même dans la
ſienne. Lorſque ſa révolution eſt achevée, il

faut donc qu'elle en recommence une autre & qu'elle faſſe une partie de cette nouvelle révolution, avant de ſe retrouver en conjonction, & par conſéquent il lui faut plus de temps pour revenir en conjonction, que pour achever ſon orbite. C'eſt ce qui a fait diſtinguer deux mois lunaires; l'un périodique, c'eſt le temps que la lune employe à faire ſa révolution dans ſon orbite, il eſt de 27 jours 7 heures; l'autre ſynodique, c'eſt le temps qui s'écoule d'une conjonction à l'autre il eſt de 29 jours & demi.

La lune eſt inviſible, lorſqu'elle eſt en conjonction, & on la nomme nouvelle; elle paroît toute entiere, lorſqu'elle eſt en oppoſition, & on la nomme *pleine*; dans les autres parties de ſon orbite, elle croît ou décroît : c'eſt le temps de ſes quadratures ou quartiers.

Différentes poſitions de la lune.

Lorſque la lune eſt dans ſes nœuds, il y a éclipſe de ſoleil toutes les fois qu'elle eſt en conjonction; & éclipſe de lune, toutes les fois qu'elle eſt en oppoſition : car dans l'un & l'autre cas les rayons du ſoleil ſont interceptés.

Eclipſes.

Si la lune a peu de latitude, elle ne ſera pas bien loin de ſes nœuds : en ce cas l'écilpſe ſera plus ou moins grande.

Il n'y a donc éclipfe, que lorfque la lune fe trouve dans le cercle que le foleil paroît décrire en une année, ou qu'elle n'en eft pas bien loin. C'eft ce qui a fait donner à ce cercle le nom d'*écliptique*.

Fig. 50.

R R foit le plan de l'écliptique dans lequel fe trouve toujours le centre de l'ombre de la terre ; O O le chemin de la lune, N le nœud.

Quand l'ombre de la terre eft en A elle tombe à côté de la lune que je fuppofe en F, & il n'y a point d'éclipfe.

Quand la lune eft en G, elle eft en partie obfcurcie par l'ombre de la terre qui tombe en B : c'eft le cas d'une éclipfe partiale ; en H elle entre dans l'ombre, en L elle en fort, en I elle y eft tout-à-fait : alors l'éclipfe eft totale. Enfin en N, l'éclipfe eft centrale, parce que le centre de la lune fe trouve dans le centre de l'ombre. L'ombre de la terre, ainfi que celle de la lune, eft conique ; parce que le diametre du foleil eft plus grand que celui de ces planetes. Auffi remarque-t-on que le diametre de l'ombre de la terre, fur la lune, eft environ d'un quart plus petit que le diametre de la terre.

Comme la terre intercepte les rayons qui tomberoient fur la lune, la lune intercepte auffi les rayons qui tomberoient fur la terre. C'eft ce qui produit les éclipfes de foleil, qui font proprement des éclipfes de terre.

Ces éclipfes font non-feulément tour-à-tour partiales, totales & centrales ; elles font encore annulaires : c'eft ce qui arrive lorfque la lune eft dans fon apogée. Alors fon ombre ne parvenant pas jufqu'à la terre, elle ne cache que le centre du foleil, & les rayons qui fe tranfmettent jufqu'à nous, forment tout au tour un anneau lumineux.

On diftingue dans les éclipfes une ombre & une pénombre. Soient les lignes A p & B p, tangentes à la lune, tirées des deux extrêmités du diametre A B du foleil. Soit encore M N une partie de l'orbite de la terre. Il eft évident que la terre étant en M, nous devons voir le difque entier du foleil ; que nous devons le perdre de vue, à mefure que la terre va de M en p ; & qu'en p p il doit difparoître tout-à-fait, pour reparoître à mefure que la terre avance de p en N. Or, comme p p eft le lieu de l'ombre, les intervalles p M & p N font le lieu de la pénombre.

Fig. 60.

Vous conclurez de là que l'éclipſe de ſoleil eſt différente, ſuivant les lieux d'où elle eſt obſervée. Elle n'eſt pas la même pour ceux qui ſont dans l'ombre, & pour ceux qui ſont dans la pénombre. Elle eſt partiale pour les uns, tandis qu'elle eſt totale ou centrale pour d'autres. Quant à l'éclipſe de lune, elle eſt la même pour tous les lieux d'où elle eſt apperçue.

L'obſervation ayant fait connoître les orbites des planetes & le temps des révolutions, vous comprenez comment on peut prédire les éclipſes : il ne faut faire que des calculs.

Les éclipſes ſervent à déterminer les longitudes. Les éclipſes ſont utiles aux géographes pour déterminer la longitude des lieux.

La terre tournant ſur ſon axe, toutes les parties de ſa ſurface paſſent ſucceſſivement ſous le méridien; & il eſt midi ſur tous les points de la ligne ou du demi - cercle, qui allant directement d'un pole à l'autre, correſpond au méridien, ou ſe trouve dans le même plan.

Concevons de pareilles lignes ſur toute la ſurface du globe, elles viendront ſucceſſivement ſous le méridien. Quand il ſera midi dans un point d'une ligne, il le fera dans tous les points; mais il ne le fera jamais dans deux lignes à la fois. S'il eſt midi pour nous, ceux qui doivent paſſer dans le plan du méridien, une heure après, ne comptent qu'onze heures ; & s'il eſt midi pour eux, il fera une heure pour nous. Ainſi des autres ſucceſſivement.

Chacune de ces méridiennes ſe retrouve au bout de 24 heures dans le plan du méridien. Parcourant donc 360 degrés en 24 heures, elle parcourt en une heure la 24me partie de 360, c'eſt-à-dire, 15 degrés. Quand donc il eſt midi à Parme, il eſt onze heures à 15 degrés vers l'occident, & une heure à 15 degrés vers l'orient. Ainſi comme je dois juger que tous les lieux qui comptent midi, en même temps que nous, ſont dans la même méridienne, je dois juger à 15 degrés de longitude occidentale ceux qui alors comptent onze heures, & à 15 degrés de longitude orientale ceux qui comptent une heure. Par conſéquent, pour ſavoir la différente longitude de deux lieux, il me ſuffira de découvrir la différence des heures qu'on y compte au même inſtant.

Or, cette différence ſe connoît par les

éclipſes de lune. En effet, que deux obſer-
vateurs, ſitués dans des lieux différents, déterminent le moment de l'éclipſe, on connoîtra la différence des longitudes, ſi la différence entre les deux inſtants eſt réduite en
degrés, à raiſon de 15 par heure. On détermine encore les longitudes en obſervant les
éclipſes des ſatellites de jupiter : la méthode
eſt la même, & le réſultat en eſt plus précis. Nous aurons occaſion d'en parler.

Comment le
même jour
peut être pris
pour trois
jours diffé-
rents. Vous ne croiriez peut-être pas que le même
jour puiſſe être pris avec raiſon pour le ſa-
medi, le dimanche & le lundi : c'eſt cependant une choſe qui s'explique aiſément.

Suppoſons qu'un homme entreprenne le
tour de la terre par l'Orient. Arrivé à 15 degrés, il comptera une heure, quand nous
compterons midi ; à 30 degrés deux heures ;
à 45 degrés, 3 ; à 60 4, &c. Ainſi comptant
de 15 en 15 degrés une heure de plus, il
comptera 24 heures ou un jour de plus, quand
il reviendra à Parme, parce qu'il aura parcouru 24 fois 15 degrés ou 360.

Par la même raiſon, celui qui voyagera
par l'occident, comptera une heure de moins
de 15 en 15 degrés ; c'eſt-à-dire, qu'au moment

ment où il fera midi pour nous, il fera d'abord onze heures pour lui, puis dix, enfuite neuf, &c. Arrivé à Parme, il comptera donc un jour de moins. Par conféquent s'il juge qu'il eft famedi, nous jugerons qu'il eft dimanche, & il fera lundi pour celui qui aura voyagé par l'orient.

CHAPITRE X.

Idée générale du syſtême du monde.

Les cieux ſont ſemés de corps lumineux,
qui, ſemblables à notre ſoleil, ſont vrai-
ſemblablement rouler des planetes dans différentes orbites ; & l'univers eſt un eſpace
immenſe, où il n'y a point de déſert. Notre
imagination eſt auſſi embarraſſée à lui donner des bornes, qu'à ne lui en pas donner.

Toutes les étoiles ſont à une ſi grande diſtance, que, vues à travers le meilleur téleſcope, elles paroiſſent plus petites qu'à l'œil
nu. Ainſi c'eſt moins leur grandeur qui les
rend ſenſibles, que la lumiere vive qu'elles
envoient juſqu'à nos yeux.

Parmi les étoiles il y en a qui paroiſſent
& diſparoiſſent régulierement ; mais avec différents degrés de clarté. Quelquefois on en
a vu tout-à-coup de nouvelles, qui, après

Corps qui ſont hors de notre ſyſtême pla-nétaire.

avoir fucceffivement perdu leur lumiere, ont difparu peu de temps après, pour ne plus fe montrer.

Afin de diftinguer les étoiles, on les rapporte à certains affemblages, qu'on nomme *aftérifmes* ou *conftellations*. Il y a douze conftellations dans le zodiaque, & elles partagent l'écliptique en douze parties égales.

Le ciel eft partagé en deux par le zodiaque. Une partie eft feptentrionale, & l'autre eft méridionale : dans toutes deux on diftingue encore plufieurs conftellations.

On remarque de plus à l'œil nu la voie lactée, qui, obfervée au télefcope, paroît n'être formée que d'un nombre prodigieux d'étoiles.

Enfin on découvre au télefcope d'autres taches, qui font trop éloignées, pour qu'on puiffe diftinguer les étoiles qui les produifent. Voilà à peu près toutes les connoiffances que nous avons fur les corps qui font hors de notre fyftême planétaire.

Dix-fept corps forment notre fyftême planétaire. Le foleil, en repos au milieu, ou n'ayant du moins qu'un très petit mouvement,

Nombre des planetes.

X 2

eſt ſeul lumineux. Tous les autres ſont opa-
ques , & ne brillent que d'une lumiere em-
pruntée. On les nomme *planetes.*

On diſtingue ſix planetes du premier ordre ,
mercure , venus , la terre , mars , jupiter &
ſaturne ; & dix du ſecond ordre , ou ſecon-
daires ; les cinq ſatellites de ſaturne , les
quatre de jupiter , & notre lune.

Leurs orbites ſont des ellip-ſes. Les planetes du premier ordre , qu'on
nomme auſſi ſimplement *planetes* , décrivent
des orbites elliptiques autour du ſoleil ; & les
planetes du ſecond ordre , ſatellites ou lunes ,
tournent autour d'une planete principale , &
l'accompagnent dans ſon cours.

Le ſoleil eſt dans un des foyers.
Fig. 61. Le ſoleil n'eſt pas au centre 𝐂 des orbites , mais dans le foyer *c.* Ainſi la planete ,
à chaque révolution , s'approche & s'éloigne
tour-à-tour du ſoleil. En *a* elle eſt dans ſon
aphélie , & en A dans ſon périhélie. La diſtance entre le centre du ſoleil *c* , & le centre
de l'orbite C , ſe nomme excentricité de la
planete.

La ligne des apſides. Ces deux points A & *a* , conſidérés enſemble , ſe nomment les *abſides* ; & le grand axe ,
qui eſt prolongé de l'un à l'autre , ſe nomme

la ligne des abſides. Aux extrêmités du petit axe B b ſont les diſtances moyennes.

L'orbite de chaque planete ſe trouve dans un plan, qui paſſe par le centre du ſoleil : tel eſt, pour la terre, le plan de l'écliptique. *Les planetes ſe meuvent d'occident eu orient dans des plans diffèrens.*

Mais toutes les planetes ne ſe meuvent pas dans le même plan : elles ont chacune le leur ; & tous ces plans coupent différemment celui de l'écliptique, auquel nous les rapportons. Au reſte, les planetes ſe meuvent toutes vers le même côté, c'eſt-à-dire, d'occident en orient ; & tournent toutes ainſi que le ſoleil ſur un axe. Il n'y a que mercure & ſaturne, dont on n'a pas encore pu obſerver le mouvement de rotation : ce mouvement ſe remarque dans les autres par le moyen des taches, qui paroiſſent & reparoiſſent régulierement.

L'obſervation, & ſur-tout le calcul, déterminent avec aſſez de préciſion les rapports de diſtance & de grandeur entre les planetes & le ſoleil. Ce n'eſt pas cependant qu'on puiſſe comparer ces dimenſions avec des meſures connues : mais ſuppoſant la diſtance moyenne de la terre comme 10, celle de mercure ſera comme 4 ; de vénus, comme 7 ; de mars, comme 15 ; de jupiter, comme 52 ; & de ſa *Rapports de diſtance des planetes au ſoleil.*

Fig. 62.
Planche VII.
turne, comme 95. Je vous en ai tracé la figure.

On juge auſſi que le diametre de mercure
eſt la 300ᵐᵉ· partie de celui du ſoleil ; que le
diametre de vénus en eſt la 100ᵐᵉ·, ainſi que
celui de la terre ; celui de mars la 170ᵐᵉ ; celui
de jupiter la 10ᵐᵉ·, & celui de ſaturne la 11ᵐᵉ :
tout cela environ.

Ce qu'on connoît le mieux, c'eſt le temps
de leurs révolutions. Mercure acheve la ſienne
en 3 mois, vénus en 8, & tourne ſur ſon axe
en 23 heures.

La révolution de mars ſe fait autour du
ſoleil en deux ans, & en 25 heures autour
de ſon axe.

Celle de jupiter dans ſon orbite eſt de douze
ans, & il tourne rapidement ſur ſon axe en
10 heures.

Enfin le temps périodique de ſaturne eſt de
30 ans. On n'a pas pu obſerver combien il eſt
à tourner ſur ſon axe. Au reſte je ne détermine
pas ces choſes avec la derniere préciſion, & je
néglige les minutes & les ſecondes.

On connoît encore la diſtance où les ſatellites ſont de leur planete principale ; mais

c'eſt une choſe qu'il ſuffira de vous montrer dans
des figures, où je vous repréſenterai auſſi le Pl. VIII. & IX.
temps de leurs révolutions. Voilà certaine-
ment autant d'aſtronomie qu'il vous en faut.
C'en eſt aſſez du moins pour vous mettre en
état d'en apprendre un jour davantage. Vous
aurez même occaſion d'acquérir de nouvelles
connoiſſances à cet égard, lorſque nous étu-
dierons l'hiſtoire des découvertes du ſeizieme
& du dix-ſeptieme ſiecles.

X 4

CHAPITRE DERNIER.

Conclusion.

J'AI essayé, Monseigneur, de vous faire juger des différents degrés de certitude dont nos connoissances sont susceptibles. Vous avez vu comment on fait des découvertes, comment on les confirme, & jusqu'à quel point on s'en assure. Je vous ai donné beaucoup d'exemples & peu de regles, parce que l'art de raisonner ne s'apprend qu'en raisonnant. Il ne vous reste plus qu'à réfléchir sur ce que vous avez fait, & à contracter l'habitude de le refaire.

Les moyens qui vous ont donné des connoissances, pourront vous en donner encore; vous concevez même qu'il n'en est pas d'autres: car, ou vous jugez de ce que vous voyez, ou vous jugez sur le rapport des autres, ou vous avez l'évidence, ou enfin vous concluez par analogie.

Mais vous devez fur-tout vous méfier de
vous même, fi vous voulez toujours prendre les précautions néceffaires pour acquérir
de vraies connoiffances. Souvenez-vous que
les vérités les mieux prouvées, étant fouvent contraires à ce que nous croyons voir,
nous nous trompons, parce qu'il nous eft
plus commode de juger d'après un préjugé,
que de juger le préjugé même. Ne croyez
donc pas fur les apparences : apprenez à douter des chofes mêmes, qui vous ont toujours
paru hors de doute : examinez.

Lorfqu'à un préjugé vous fubftituez une
nouvelle opinion, ne précipitez pas encore
votre jugement; car cette opinion peut être
une erreur. Rappellez-vous que nous n'ar-
rivons pas tout-à-coup aux découvertes :
nous y allons de conjecture en conjecture, de fuppofition en fuppofition ; en un
mot, nous y allons en tâtonnant. Par conféquent, fi les conjectures peuvent nous conduire, aucune n'eft le terme où nous de-
vions nous arrêter : il faut toujours avancer
jufqu'à ce qu'on arrive à l'évidence ou à
l'analogie.

Au refte fi vous concevez que les méthodes ne font que des fecours pour votre

efprit, vous concevez encore que vous de-vez étudier votre efprit, pour juger de la fimplicité & de l'utilité des méthodes. Il s'agit donc d'obferver comment vous penfez, & de vous faire un art de penfer, comme vous vous êtes fait un art d'écrire, & un art de raifonner.

FIN du Tome troifieme.

BIBLIOTHEQUE ROYALE

B.R.

1

2

3

4

5

6

7

8

9

10

12

14

15

16

17

18

A B C D E F G H K P

A — G — 5

A — B
C — D

E
F
G

a b c d e f g h i

Pl. II.

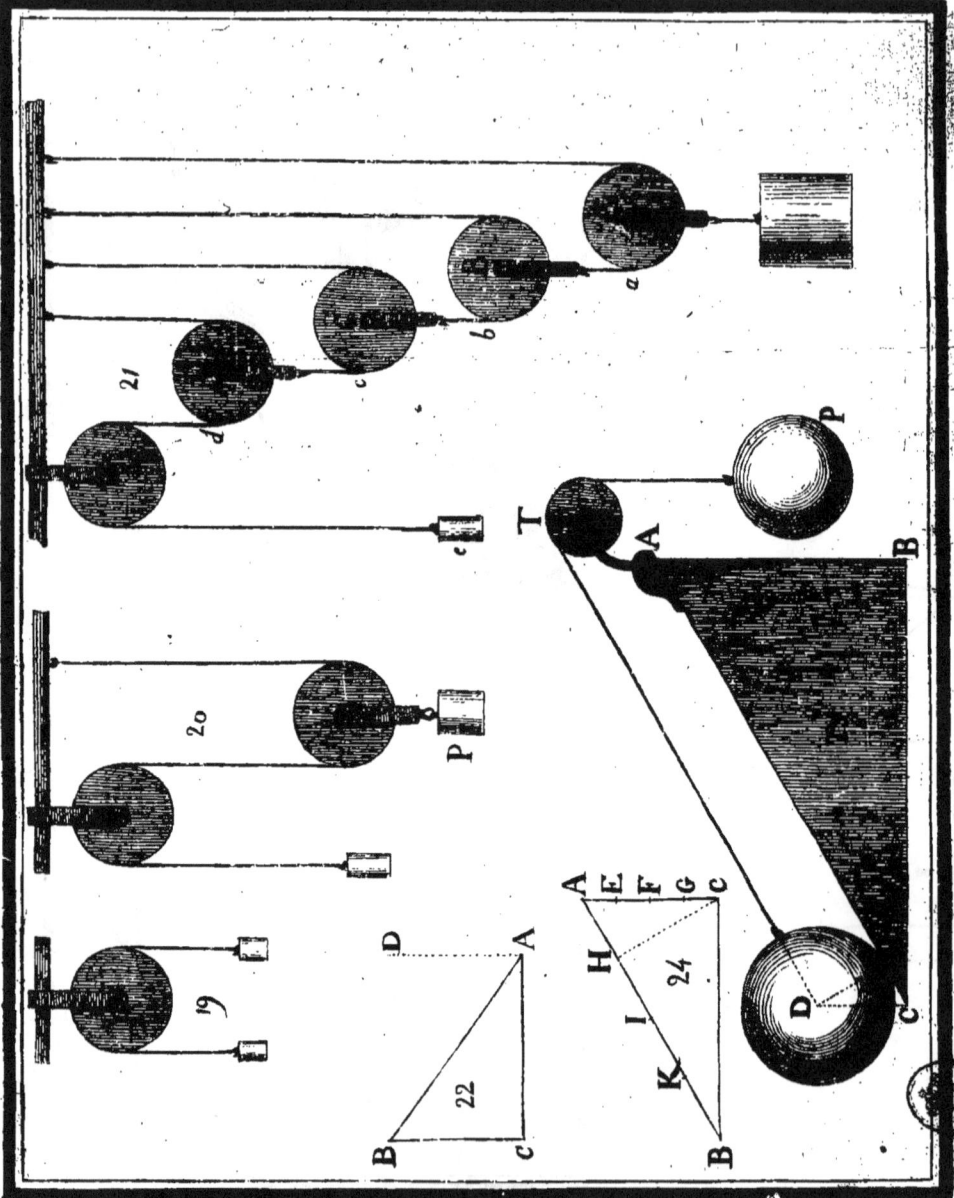

B.R.

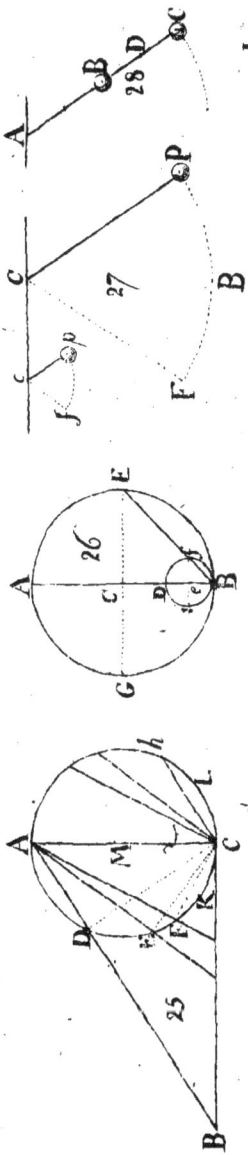
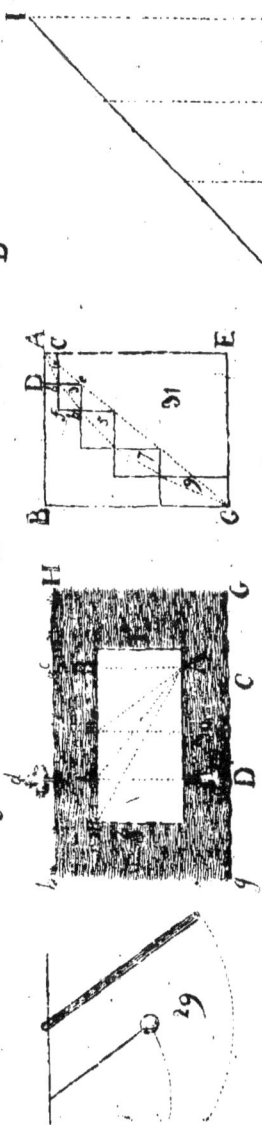
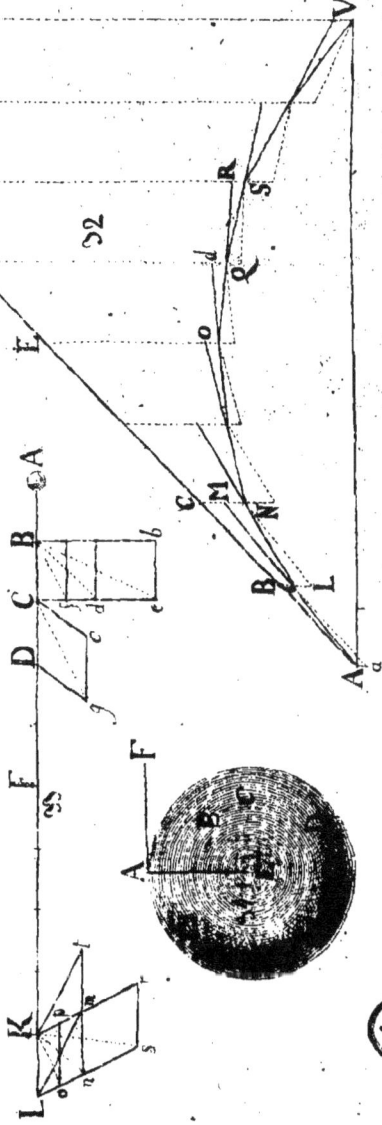

B.R.

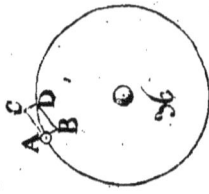
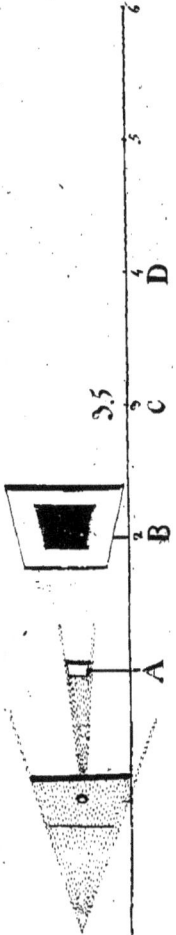
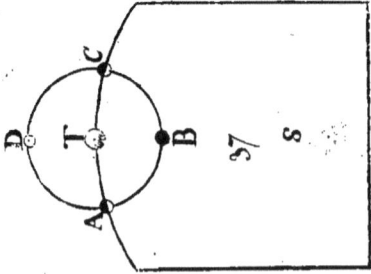
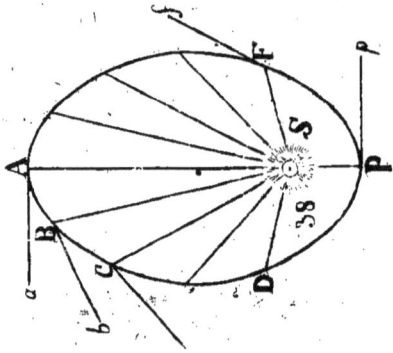
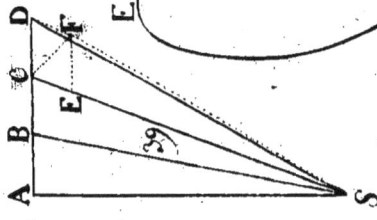
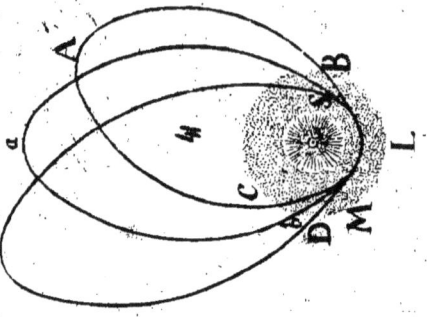
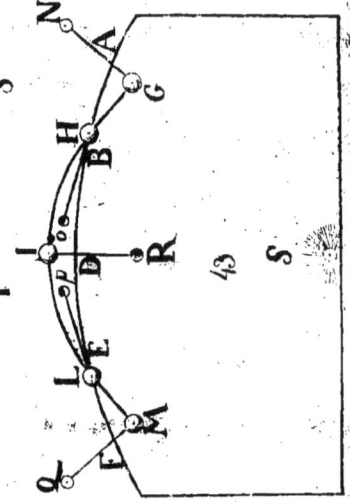
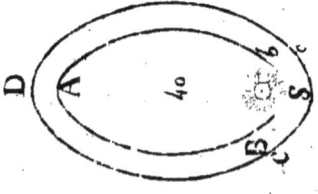
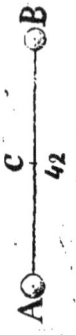

Pl. IV

Pl. V.

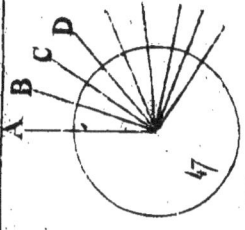

47

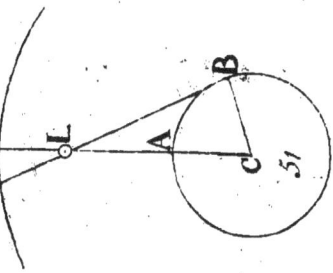

51

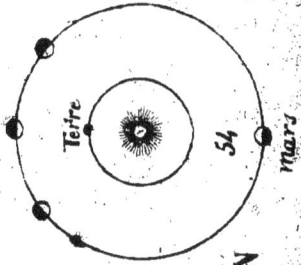

Terre

54

mars

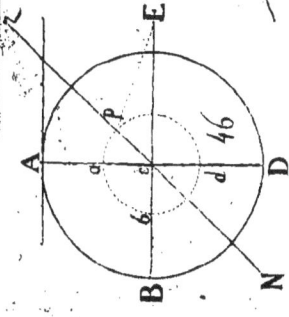

46

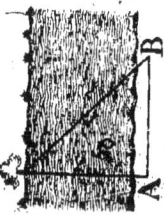

45

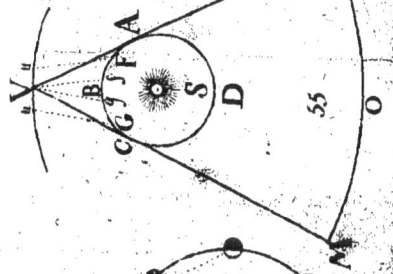

55

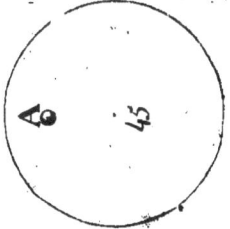

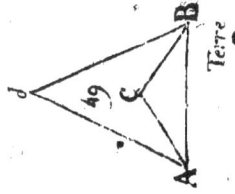

49

Terre

53

orbite de Vénus

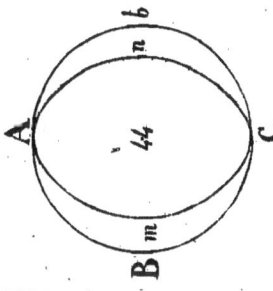

44

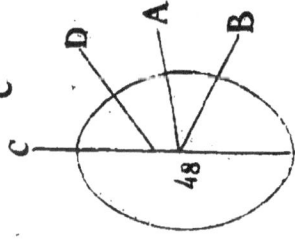

48

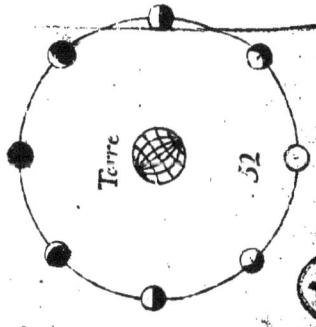

Terre

52

B.R.

Pl. VI.

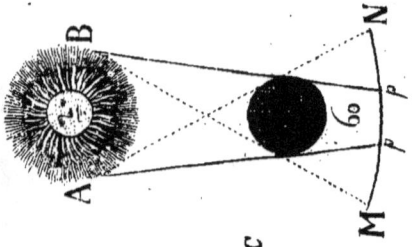

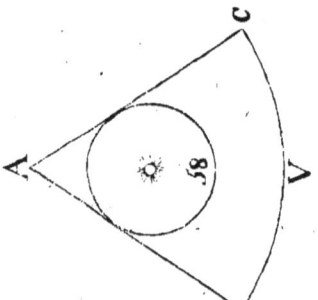

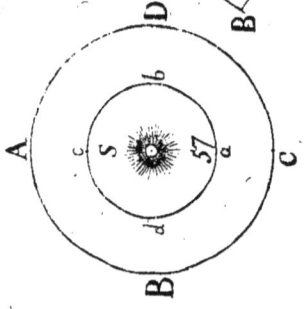

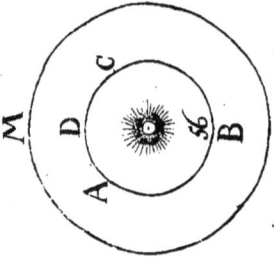

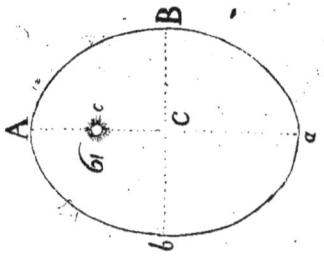

B.R

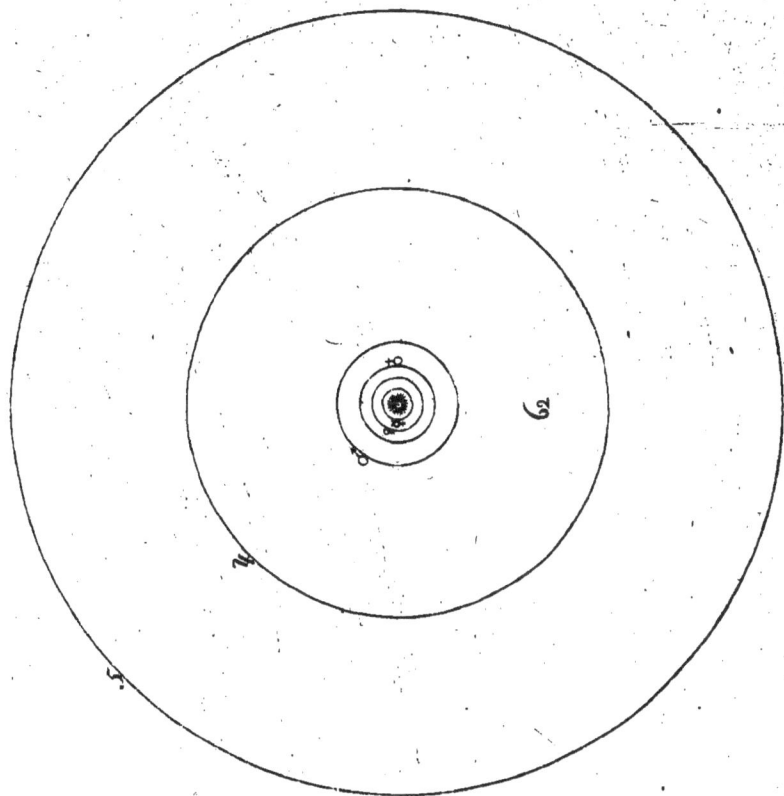

Pl. VII.

☿ Mercure.
♀ Venus.
♁ La Terre.

☉ Soleil.

♂ Mars.
♃ Jupiter.
♄ Saturne.

D/R

Pl. VIII.

Le 1.er Satellite, est à 8 demi-diamètres de Saturne.

Le 2.e à 11.

Le 3.e à 15.

Le 4.e à 36.

Le 5.e à 108.

Révolutions.

du 1.er 1 jour, 21 heures, et quelques minutes.

du 2.e 2 jours, 17 heures, et plus de 40 minutes

du 3.e 4 jours, 12 heures, 25 minutes.

du 4.e 15 jours, 22 heures, 41 minutes.

du 5.e 79 jours, 7 heures, 48 minutes.

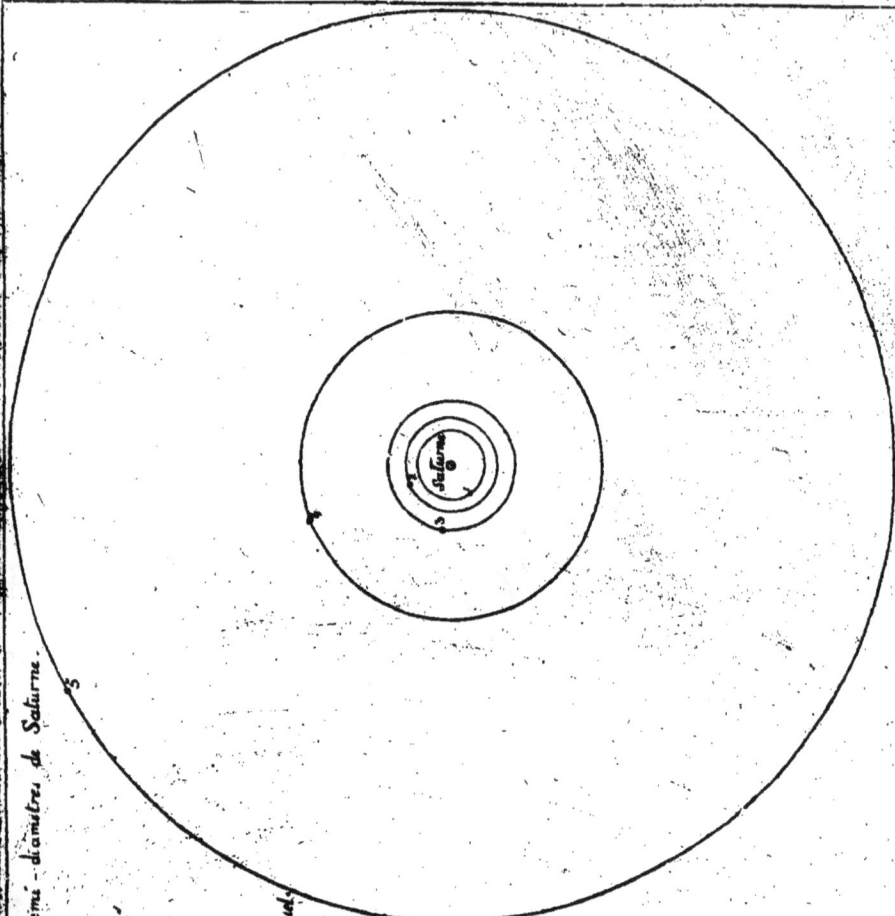

Saturne

B.N.

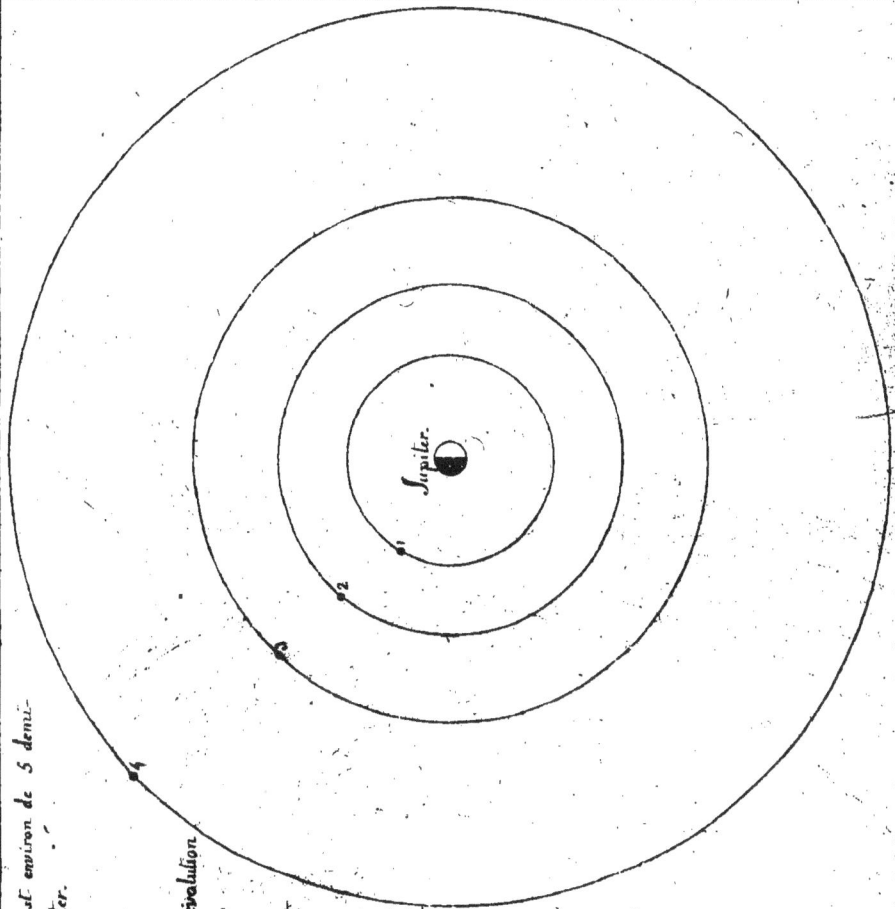

La distance du 1er Satellite est environ de 5 demi-
diametres de Jupiter.

du 2e de 9.
du 3e de 14.
du 4e de 25.

Le premier acheve sa révolution
environ en 1 jour, 18 heures
et demie.

le 2e en 3 jours, 13 heures et
un quart.

le 3e en 7 jours, 4 heures.
le 4e en 16 jours, 18 heures.

Jupiter.

1
2
3
4

www.ingramcontent.com/pod-product-compliance
Lightning Source LLC
Chambersburg PA
CBHW071048280326
41928CB00050B/1789

* 9 7 8 2 0 1 1 8 6 3 1 7 1 *